Claus von Criegern

Glauben gegen das Chaos

Claus von Criegern

Glauben gegen das Chaos

Predigten für eine glaubwürdige Kirche und einen aktuellen Glauben

Fromm Verlag

Impressum/Imprint (nur für Deutschland/ only for Germany)
Bibliografische Information der Deutschen Nationalbibliothek: Die Deutsche Nationalbibliothek verzeichnet diese Publikation in der Deutschen Nationalbibliografie; detaillierte bibliografische Daten sind im Internet über http://dnb.d-nb.de abrufbar.

Coverbild: www.ingimage.com

Contact:
International Book Market Service Ltd., 17 Rue Meldrum, Beau Bassin, 1713-01 Mauritius
Website: www.bookmarketservice.com
Email: info@bookmarketservice.com

Gedruckt in: USA, UK, Deutschland. Dieses Buch wurde nicht in Mauritius produziert.

Imprint (only for USA, GB)
Bibliographic information published by the Deutsche Nationalbibliothek: The Deutsche Nationalbibliothek lists this publication in the Deutsche Nationalbibliografie; detailed bibliographic data are available in the Internet at http://dnb.d-nb.de.

Cover image: www.ingimage.com

Contact:
International Book Market Service Ltd., 17 Rue Meldrum, Beau Bassin, 1713-01 Mauritius
Website: www.bookmarketservice.com
Email: info@bookmarketservice.com

Printed in: U.S.A., U.K., Germany. This book was not produced in Mauritius.

ISBN: 978-3-8416-0082-0

Inhaltsverzeichnis

Quasimodogeniti

Predigt über 1. Kor. 15, 12-20

Liebe Gemeinde!

Ich möchte Ihnen gern aus einem Leserbrief zitieren, der vor einiger Zeit in einer deutschen Zeitung veröffentlicht wurde. Erst hat er mich zornig gemacht, dann traurig, und schließlich habe ich gedacht: So sieht das aus, wenn wir keinen festen Bezugspunkt haben. Was ist denn mein und unser Bezugspunkt im Leben und im Sterben? Darüber will ich nachdenken, wenn ich Ihnen vorgelesen habe, was die Leserbriefschreiberin ausdrücken will: „Es ist ... alles Ansichtssache, gerade im Angesicht des Todes. ... die Zeit ist ein Rad, das sich dreht, mit sich führend globale Marktwirtschaft und neue Bestattungsformen-Angebote ... Letzteres zum Leidwesen der Kirchenfürsten. Sie wettern und verdammen diese Art der Asche - Entsorgung gar als modernes Heidentum. Der mündige Bürger ist nicht willens, sich willfährig zu verhalten, und schon gar nicht wenn´s um seinen letzten Willen geht.“

Sie redet über Beerdigungen im Friedwald. Gehöre ich denn zu diesen schlimmen Kirchenfürsten, die deshalb wettern und verdammen? Für die Schreiberin vielleicht. Nach meinem eigenen Verständnis nicht. Ich will euch heute und jeden Sonntag so aufrichtig und redlich wie nur möglich Rede und Antwort stehen darüber, was meiner Überzeugung nach der Tod und die Auferstehung Jesu für euch und mich bedeuten und wie sich für mich von da her die Fragen nach Leben und Tod darstellen. Ich schließe daraus auf Probleme, die sich in unserer Zeit stellen, und frage nach, ob wir miteinander im Gespräch einen Weg finden können, der dem Evangelium und unserem Glauben entspricht. Denkanstöße will ich geben, nicht wettern und verdammen.

Für dieses Gespräch, für das ehrliche und partnerschaftliche Suchen wünsche ich mir mündige Christen, die nicht fragen, was sie zu glauben haben, sondern die hinterfragen und sich hinterfragen lassen, die nicht nachreden, sondern selbstständig weiterdenken und dabei im Gespräch bleiben. Zu den Themen, zu denen ich Fragen habe, gehört die Feststellung: Die Zeit ist ein Rad, das sich dreht, mit sich führend globale Marktwirtschaft und neue Bestattungsformen - Angebote.

Laßt mich fragen. Ist es unveränderliches Schicksal, daß das Rad der Zeit uns die globale Marktwirtschaft beschert? Müssen wir akzeptieren, daß große Konzerne ihre Entscheidungen treffen, auch wenn sie damit Arme noch tiefer in die Armut stoßen? Müssen wir akzeptieren, wenn Menschen nur noch nach ihrem Nutzen bewertet werden? Oder wird uns da ein Menschenbild übergestülpt, das schrecklich und unbarmherzig ist und alles abtötet, was Menschlichkeit für uns so wichtig macht?

Mit den neuen Angeboten von Bestattungsformen ist es so ähnlich. Meinetwegen kann die Schreiberin des Leserbriefes ihre Asche entsorgen lassen, wie sie will. Aber ich möchte nachfragen: Für die Menschen, die einen Verstorbenen lieb gehabt haben, in deren Leben er wichtig war, ist es doch in der Trauer **ganz** hilfreich, irgendwo und irgendwie mit ihren Erinnerungen und Gedanken dem Toten nahe zu sein. Oft genug ist es schwerer, am Leben zu bleiben und die Last der wachsenden Einsamkeit zu tragen, als zu sterben und sich entsorgen zu lassen. Ich will nachfragen, ob „moderne" Bestattungsformen der Würde des Verstorbenen und der Würde der Trauernden entspricht. Wer mündiger Bürger ist, wird sich mit dieser Frage auseinandersetzen und sie nicht mit dem Hinweis auf unmoderne, machtgeile, schreckliche Kirchenfürsten abschmettern.

Aber wenn es für die Schreiberin dieses Leserbriefes keinen Bezugsrahmen gibt, dann kann ich verstehen, daß für sie nur die Entsorgung ihrer Asche und die resignierte Hinnahme der globalen Marktwirtschaft und die Faszination unkonventioneller Bestattungsformen bedeutsam ist, egal ob da irgendwelche Kirchenfürsten schäumen oder nicht. Für mich gibt es einen Bezugsrahmen, und Pls redet in den Versen aus dem 1. Kor. davon: Die Auferstehung Christi und unsere Auferstehung sind der Dreh- und Angelpunkt unseres Glaubens. Es gibt ohne ihn kein Christsein. „Wir wären die ärmsten unter allen Menschen", sagt er. Natürlich, weil wir unser Leben und unseren Glauben auf eine Lüge oder einen Irrtum aufgebaut hätten. Weil wir kostbares Leben zurückgenommen hätten, damit andere leben können. Weil wir darauf verzichtet hätten, uns zu wehren, und darum konnten andere uns demütigen und schlecht machen. Weil wir vertrauend gelebt und geliebt haben, und dabei hat die Liebe, auf die wir uns beziehen, ohne den auferstandenen Christus nur störende Funktion auf dem Weg zur Selbstfindung.

„Nun aber ist Christus auferstanden von den Toten als Erstling unter denen, die entschlafen sind." Ich bin froh um diesen positiven Satz am Ende des Textes. Über Auferstehung kann man eigentlich nicht diskutieren, man kann nur erzählen. Für mich ist das Vertrauen ganz wichtig, daß mein Leben in Gott vollendet wird, daß in ihm alle Sehnsucht erfüllt wird und alle Einsamkeit aufgetaut. Dieses Vertrauen gibt mir den Mut, meine eigene Unvollkommenheit anzunehmen und trotzdem immer wieder neu zu versuchen, mit euch und anderen ins Gespräch zu kommen und den Traum von einer gerechteren, menschlicheren Welt lebendig zu erhalten. Dieses Vertrauen begründet für mich, daß meine und eure Würde und die von allen Menschen, egal wie alt oder klein, wie arm oder reich sie sind, daher kommt, daß sie Gott mit liebenden Augen ansieht und ihnen um Christi willen den Weg frei macht über die Grenze des Todes hinaus.

Daraus erwachsen Konsequenzen. Eine davon habe ich schon angedeutet: Es ist eine Gotteslästerung, wenn wir andere Menschen und ihre Rechte als Hindernis auf dem Weg zu mehr Macht, zu mehr Einkommen und größerem Komfort wegschieben. Es ist eine Gotteslästerung, machtpolitische Ziele erreichen zu wollen und die, die dabei getötet werden, als Kollateralschäden zu neutralisieren oder als Ungläubige in die Luft zu sprengen. Es ist eine Gotteslästerung, alte und kranke Menschen von der Gemeinschaft anderer abzuschneiden und sie auszugliedern, ihnen die lebensnotwendigen Sozialkontakte zu verweigern, weil die Steuer nicht reicht oder der Beruf so aufreibend ist.

Natürlich hat das für einen, der mit Gott nichts anfangen kann, keine Bedeutung. Aber für uns! Für uns ist es Verpflichtung und Konsequenz unseres Glaubens, gegen diese unmenschlichen, machtbesessenen Entwicklungen anzugehen, gleichgültig, ob sie das Rad der Zeit mit sich bringt oder ob sie Konsequenzen eines Wertevakuums sind. Für uns ist es wichtig vorzuleben, dass eine vertrauende Gemeinschaft möglich ist, weil Christus für uns gestorben und auferstanden ist.

„Ansichtssache“, hat es im Leserbrief geheißen. Pls macht darauf aufmerksam, daß die Auferstehung Jesu den Blick frei macht über die Grenzen hinweg - über die Grenze des Todes, und über die Grenzen zwischen uns hinaus. Das ist eine weite Perspektive - eine bewegende Ansicht. Amen.

Exaudi

Predigt über Eph.3, 14-21

Liebe Gemeinde!

Vermutlich haben Sie das auch schon erlebt: Sie besuchen eine katholische Messe, und irgendwann kniet die ganze Gemeinde nieder, nur Sie stehen in der Menge katholischer Christen und kommen sich vor wie ein einsamer lutheranischer Leuchtturm. Das Knien als Gebetsgestus kommt in den evangelischen Gemeinden kaum noch vor. Eigentlich ist das schade, weil mit dieser Haltung Demut und Hingabe ausgedrückt wird; so wie wir die Hände falten beim Gebet und still und konzentriert werden, hilft unseren katholischen Geschwistern das Knien, demütig zu werden.

Man kann auch beten, ohne die Hände zu falten, und sich Gott öffnen, ohne zu knien. Für Pls ist das Knien Ausdruck für ein besonders intensives Gebet, ein Gebet für die Gemeinde, um die er sich nicht kümmern kann, weil er im Gefängnis eingesperrt ist. Ich bin ohnmächtig. Aber du hast die Macht und die Liebe, den Christen in Ephesus zu geben, was sie jetzt mehr denn je brauchen. Ich berge mich und sie in deiner Liebe. Ich vertraue uns dir an – und weil du dich um Christi willen unser erbarmst, wird es nichts und niemanden geben, der uns von dir trennen kann. Weil du unser Herr und unser Gott bist, wird uns kein Kaiser und keine Regierung, kein Machtstreben und keine Alltagssorge, keine Angst und keine Politik, kein Wunsch nach Komfort und Reichtum und kein Zweifel beherrschen.

So betet Pls für seine Gemeinde, und so beten wir für unsere Gemeinde. Wir beten darum, sicher zu sein, dass er uns führt und trägt. Wenn wir das erfahren dürfen, ist uns immer noch nicht klar, was die Zukunft uns bringt. Wir wissen nicht, wie wir die finanziellen Fragen bewältigen werden, die sich unserer Gemeinde stellen. Wir wissen nicht, wie sich das mit den ökologischen Herausforderungen entwickeln wird. Wir wissen nicht, was sich in unserem Land tun wird. Aber wenn wir geborgen sind in Gott, vertrauen wir darauf, dass er uns helfen wird, Wege zu finden, die wir gehen können. Das schenkt uns Gelassenheit, eine fröhliche Gelassenheit, weil jenseits all dieser Fragen das Lächeln auf unserer Seele liegt, das aus der Freude über seine Liebe kommt.

Paulus bittet darum, dass der innere Mensch stark werde durch seinen Geist. Das ist kein sehr moderner Gedanke. In unserer Zeit werden innere Probleme durchaus technologisch gelöst: Wer Angst hat, bekommt Psychopharmaka. Wer Zweifel an der Gerechtigkeit in der Welt hat, ruft nach einer starken Regierung. Wer trauert, wird sediert. Die Bitte, den inneren Menschen durch den Geist Gottes zu stärken, geht einen anderen Weg. Sie geht davon aus, dass Vertrauen in unserem Herzen wachsen muss, damit die Angst, die uns bedrängt, überwunden werden kann. Wenn wir lernen zu vertrauen, wächst auch die Zuversicht, und sie kann uns dazu bewegen, trotz aller Zweifel einzutreten dafür, dass Menschen zu ihrem Recht kommen auf Leben ohne Not und Unterdrückung. Vertrauen und Zuversicht machen uns frei, frei dazu, offen und ehrlich auf andere zuzugehen, frei dazu, fair zu streiten, auch in der Auseinandersetzung dem anderen mit Achtung und Respekt zu begegnen und der Versöhnung die Türen offen zu lassen.

Ich bin davon überzeugt, dass Frieden und Gemeinschaft, Trost in der Trauer und Zuversicht auf dem Weg durch das Leben in unserem Inneren anfangen. Es wird keinen Frieden auf der Welt geben, wenn wir nicht lernen, Frieden in unserem Inneren zu schließen – Frieden mit unserem Schicksal, und Frieden mit anderen Menschen. Darum bittet Pls, wenn er um Gottes Geist für den inneren Menschen bittet. Nun bittet er nicht darum, dass der innere Mensch in jedem einzelnen wachsen möge. Er bittet für die Gemeinde. Er bittet darum, dass die Liebe Christi eingepflanzt werde in unsere Herzen. Liebe hat zu tun mit Achtung und Offenheit, mit Respekt und Hingabe. Der innere Mensch, den die Liebe Christi prägt, wächst auf andere zu und mit den anderen auf Gott zu.

Darum ist unsere Gemeinde nicht einfach eine Organisation, in der deutsche Sprache und deutsche Theologie gepflegt werden. Unsere Gemeinde ist geschenkte Gemeinschaft, ist der Ort, an dem wir wachsen und stark werden dürfen, gibt uns die Gelegenheit, Gelassenheit einzuüben und Vertrauen zu wagen, ermutigt uns zu zuversichtlichem Leben und zu entschiedenem Glauben. Oder, anders gesagt: In der Gemeinde lässt uns Christus stark werden, so dass uns das Schicksal nicht niederdrückt, so dass wir die Ansprüche und Klagen anderer hören und ihnen gerecht werden, dass wir lernen, uns selbst und Gott gegenüber treu zu werden, und darauf vertrauen und erfahren, dass die Liebe als Grundlage unseres Zusammenlebens tragfähig und Mut machend ist.

Das alles ist möglich, weil wir „mit allen Heiligen begreifen, welches die Breite und die Länge und die Höhe und die Tiefe ist, auch die Liebe Christi erkennen, die alle Erkenntnis übertrifft." Hier geht es um die Perspektive dessen, was wir erleben. Ich denke an eine Freundschaft, die mir kostbar war und die zerbrach. Anlass dafür war eigentlich eine Kleinigkeit: Zwei meiner Freunde bauten miteinander ein Gartenhäuschen auf. Der eine saß auf dem Dach und nagelte Dachlatten an, der andere durfte ihm nur Nägel zureichen. Zum Nageln war er nicht zugelassen. Ich weiß heute noch nicht, ob ich schuldig wurde, weil ich meinen nagelnden Freund darauf hinwies, dass diese Haltung dem anderen nicht ganz angemessen war. Jedenfalls war er sauer. Und eine jahrzehntelange Freundschaft, die sich in Krisen und Problemen bewährt hatte, zerbrach.

So etwas geschieht immer wieder. Im Streit bekommt der andere nicht den Kredit, der ihm eigentlich gebührt. Manchmal fehlt uns die Perspektive. Die Erkenntnis der Liebe Christi mag uns die Perspektiven wieder zurechtrücken. Manche Probleme, die uns auf der Seele liegen, spielen vor der Ewigkeit Gottes keine Rolle. Bei manchen aktuellen Wünschen übersehen wir die Kosten für unsere Enkel. Manchen Komfort bezahlen wir mit der Not der Armen. Die Gotteserkenntnis rückt unsere Einschätzung der Gegenwart zurecht. Das ist heilsam, denke ich. Es vermeidet Dramatisierung, aber lässt uns ehrlich bleiben – und geborgen in Gott, dem Vater aller. Ihn ehren wir, wenn wir leben im Vertrauen auf seine bergende Liebe. Amen.

Pfingstsonntag

Predigt über Apg. 2, 1-17.21

Liebe Gemeinde!

Wenn Sie einen Theologen in Verlegenheit bringen wollen, fragen Sie ihn, wie er den Heiligen Geist Gottes versteht. Er wird je nach Ehrlichkeit in wohlgesetzten Worten oder stotternd ausdrücken, dass er ihn eigentlich überhaupt nicht versteht. Und wenn Sie dann nachfragen, kann er Ihnen vielleicht Erfahrungen wiedergeben, kann erzählen und bildhaft schildern, was ihm widerfahren ist – aber irgendwie reicht ihm die Sprache nicht.

Deswegen ist mir Lukas, der Evangelist, so sympathisch. Er sucht und stammelt und ringt darum, irgendwie beschreibbar zu machen, was denn damals den Jüngern widerfuhr: Ein Brausen, wie von einem Wind und doch kein Wind; flammengleiche Feuerzungen, aber doch kein Feuer, das verzehrte, und trotzdem irgendwie … Und dabei verstehen wir uns, Lukas und ich: Wenn wir von Gottes Geist reden, dann werden wir keine Lehre aufstellen und keine richtige Theologie formulieren. Wir werden davon zu erzählen haben, wie wir erschüttert und begeistert wurden, wie uns die Kraft Gottes getragen hat, wie er unsere zaghaften Versuche genommen hat und etwas Großes schuf. Und ihr werdet vielleicht zuhören, und wenn Gott euer Herz aufschließt, werdet ihr verstehen und euer eigenes Herz wiedererkennen.

Vielleicht wird es auch so sein mit dieser Geschichte, die so stammelnd begonnen hat, dass ihr euch selbst wiedererkennt. Von drei Erfahrungen mit dem guten Geist Gottes will ich euch erzählen, von drei Erfahrungen, die wir vielleicht teilen dürfen mit den Jüngern: Von der Erfahrung, dass Gottes Geist aus tödlicher Resignation herausweht; von der Erfahrung, dass Gottes Geist uns einander verstehen lässt über alle Hindernisse hinweg; und von der Erfahrung, dass Gottes Geist uns Visionen schickt, die wahr werden, wenn wir nur offen sind für sie.

Gottes Geist weht heraus. Die Jünger waren nun wirklich erstarrt und versteinert, und sie hatten ja auch allen Grund dazu. Draußen, auf den Straßen und Plätzen, feierten und jubelten die Menschen aus dem Volk Israel und freuten sich über die Ernte. Aber hatten die Jünger überhaupt ein Interesse daran, das Erntefest zu feiern? Sie hatten ihren Meister verloren – gleich zweimal: durch die Kreuzigung wurde er hingerichtet, und er hatte ihnen doch Vertrauen in Gott und seine Liebe geschenkt, und sie blieben allein zurück, und zumindest Petrus wurde mit seiner großen Klappe konfrontiert. Das hatte er sich ganz anders vorgestellt! Es war wunderbar, aber doch auch erschreckend, dass Gott ihren Herrn Jesus Christus aus dem Tod auferweckt hatte. Irgendwie hatten sie es schon geahnt, dass er gehen würde und sie zurückbleiben würden. Und so wunderbar es war, dass er in Gottes Reich gegangen ist, so schrecklich war es für sie zurückzubleiben.

Das kennt ihr doch sicher auch – übrigbleiben. Das ist eine Erfahrung, die ich ganz schlicht erfahren habe, am Bahnhof, wenn der Freund wegfährt, voller Vorfreude, und ich gehe einsam zurück. Oder am Flughafen, als ich wegflog, und meine Frau blieb daheim. Wie auch immer, ihr kennt das, dass sich Menschen hinter verschlossenen Türen und Herzen verschanzen, wie die Jünger auch. Und manchmal können wir gar nicht anders, als schweigen und leiden.

Und dann kommt Gottes Geist über sie. Brennend und begeisternd, bewegend und atmend, Leben bringend und Angst überwindend. Fragt nicht, wie das geschah, fragt, wie es weitergeht: Sie stehen auf der Straße, brennend vor Freude und voller Kraft und Dynamik, so sehr, dass manche meinen: Die sind besoffen. Aber so etwas kennen wir doch auch: Tief stecken wir in der Trauer, und plötzlich keimt irgendwo Mut und neue Kraft, das ist wie eine Befreiung, wir haben immer noch die Last auf der Seele, aber wir gehen nicht mehr gebückt, sondern aufrecht und vertrauend. Wir haben Trost gefunden und können doch kaum sagen, was uns getröstet und bewegt hat. Oder wir erleben bewußt, dass Neues auf uns zukommt, und wir lassen es auf uns zukommen, neue Gedanken, neue Eindrücke, neuen Glauben, und werden erfasst von einer Dynamik, die uns wieder auf den Weg bringt, auf einen spannenden, erschütternden, glückverheißenden und anspruchsvollen Weg glaubenden Lebens. Da mag es sein, dass uns Gottes Atem bewegt.

Gottes Geist lässt verstehen. Erzählt wird, wie vertraut allen Zeugen das war, was die Jünger sprachen. Haben sie sie in der Muttersprache gehört? Jedenfalls traf sie das, was sie hörten, so unmittelbar und direkt, dass sie voller Erstaunen und – ja, Betroffenheit waren. Man muss heute keine fremde Sprache sprechen, um unverstanden zu bleiben. Heute ist es doch eines der großen Probleme, dass Menschen einander nicht recht verstehen, weil sie nicht mehr mit dem Herzen hören. Schlimm ist, wenn jeder auf seiner Meinung sitzt wie die Henne auf den Eiern. Nur - bei uns kommt kein Leben heraus.

Aber die andere Erfahrung gibt es auch: Dass das Wort der Versöhnung mein Herz berührt. Dass ich in dem, was der andere sagt, die Liebe spüre. Dass ich aussprechen kann, und der andere hört. Dass ich wage zu reden, unklar, zögernd, und verstanden werde. Dass einer spricht, und in dem, was er sagt, spüren wir eigene Sehnsucht und eigene Hoffnung und eigenes Vertrauen. Das kann begeistern und erschüttern – vielleicht hat Gottes Geist uns berührt und unser Herz geöffnet.

Gottes Geist schenkt uns Zukunft. Und Petrus beginnt zu sprechen. Er erzählt aus alter Zeit: Es wird die Zeit kommen, da Jünglinge weissagen und Alte träumen. Diese Zeit ist da, sagt er. Die Zeit, in der wir die harte Realität konfrontieren mit der Liebe, für die Jesus eingetreten ist. Die Zeit, in der wir uns nicht einfach wegschieben lassen. Die Zeit, in der unsere Einsamkeit aufgebrochen wird – und die anderer. Die Zeit, in der wir einander zuhören und miteinander handeln. Die Zeit, in der hinter der brutalen Wirklichkeit die Wirklichkeit Christi darauf wartet, dass wir sie in die Welt hineinholen. Wenn wir wollen, dann macht Gottes Geist lebendig. Uns, und die um uns her. Amen.

Trinitatis – oek. Gottesdienst

Predigt über Rm. 11, 33

Liebe Gemeinde!

Ehre sei Gott in der Tiefe. Das kommt uns seltsam vor. Wir loben Gott in der Höhe. In der Höhe unseres eigenen Lebens, wenn wir morgens vor die Haustür treten und riechen, wie alles blüht und wächst, und unser Herz wird voll von Glück und Lebensfreude. In der Höhe unseres eigenen Lebens, voller Glück über unsere gute Partnerschaft in der Familie, über Freunde, mit denen wir tatsächlich lachen und beten und streiten können. In der Höhe unseres eigenen Lebens, wenn wir spüren, wie uns Freude erfüllt beim Spaziergang, beim Sport, Freude über Gesundheit und Ganzheit. Gott in der Höhe loben – wenn wir erschauernd den Sternhimmel sehen und hinter der Schöpfung den Schöpfer ahnen; wenn wir im Leben noch mal eine Chance bekommen, obwohl die Ärzte recht sorgenvoll dreingeschaut haben; wenn uns die Sehnsucht nach Erfüllung und Lebenssinn in seine Arme treibt – Gott, der hoch über uns lebt und uns doch mit treuen, liebenden Augen anblickt. Das liegt uns nah.

Aber Gott in der Tiefe loben? In der Krise der Ehe und der tiefen Störung zwischen uns und denen, die uns Freunde waren? In der Sorge um Arbeitsplatz und Wirtschaftsentwicklung, bei Abbildungen von hungernden Kindern und ölverschmutzten Stränden? In der Tiefe Gott begegnen und der Erkenntnis und der Weisheit gewärtig werden? Im Ungehorsam dem Erbarmen Gottes begegnen? Wie kommt Pls zu diesem Lob?

Ich ahne, dass das wesentlich sein kann für uns, wesentlich, weil es etwas darüber erzählen könnte, wie uns Glaube in der Tiefe unserer Dunkelheiten weiterhelfen kann. Denn für Pls ist das Lob Gottes Ergebnis eines langen Prozesses der Überlegung. Er war ja Jude, mit ganzer Seele, war geprägt und erzogen vom Geist seines Volkes. Und dann sieht er, dass sich die meisten seines Volkes von Christus abwenden und viele Heiden sich ihm zuwenden – nicht zuletzt wir, katholische und evangelische Christen, sind wie aufgepfropft auf die Wurzeln des alten Bundes Gottes mit seinem Volk. Hat denn Gott sein Volk verstoßen, um sich der Heiden zu erbarmen? Trägt seine Treue nicht mehr? Oder ist Gott auch dort treu, wo wir seine Treue nicht mehr erkennen, in der Tiefe?

Für Pls ist Gott nicht der liebe Gott, der dazu da ist, uns die Steine aus dem Weg zu rollen. Für ihn ist er fern, unverständlich und fremd, aber auch gut und liebend. Auch wenn er ihn nicht versteht, geht er davon aus, dass Gott es nicht böse mit seinem Volk meinen wird. Und deswegen wagt er die Aussage, dass Gott den Bund mit seinem Volk nicht aufkündigt, auch wenn er ihn zurückstellt, damit andere, die nicht zu den Juden gehören, den Weg zu gehaltenem, erlöstem Leben finden. Er hat alle eingeschlossen in den Ungehorsam, damit er sich aller erbarmen kann, der Juden wie der Katholischen und der Evangelischen.

Gottes Volk und wir stehen nebeneinander, auf dem gleichen Ufer, abgesondert und getrennt von Gott. Sie und wir stehen beieinander, wenn er sich uns erbarmend zuwendet. Er baut die goldene Brücke, über die wir gehen dürfen, und er tut das nicht, weil wir so großartig wären, sondern obwohl wir versagen, seiner Liebe nicht gerecht werden, darauf angewiesen sind, dass er in unsere Tiefe kommt. Darum kann Pls Gott in der Tiefe loben – o welch ein Reichtum an Weisheit und Erkenntnis! Er hält an uns fest, weil Leben von ihm kommt, in ihm gründet, zu ihm führt. Er hält an uns fest, damit wir an ihm festhalten können.

Lasst mich an diesem Gedanken noch ein wenig konkreter weiterdenken. Ehre sei Gott in der Tiefe – auch in der Tiefe unserer persönlichen Krisen? Mir scheint, wir wissen sehr genau, was wir von Gott erwarten – er soll uns vor Unglück schützen. Aber wenn uns Unglück oder Krankheit trifft, hat dann Gott versagt? Müssen wir uns dann nicht von ihm abwenden, weil er nicht da ist? Oder machen wir uns einfach ein falsches Bild von Gott? Könnte es sein, dass Weisheit und Reichtum seiner Liebe uns nicht vor Unglück schützt, wohl aber im Unglück, dass sein Schutz der Schutz vor Verzweiflung und Bitterkeit, vor Schuld und Gleichgültigkeit ist? Kann es sein, dass der Trost, den er uns zuspricht, die Zusage ist, dass es nichts im Leben geben wird, was uns wirklich vernichtet – auch keine gewaltsame Veränderung, auch keine Krankheit, die uns packt und auf das Bett wirft und uns das Leben aussaugt, auch der Tod nicht, mit dem wir nicht klar kommen? Kann es sein, dass wir zu stark darauf fixiert sind, dass sich unsere Pläne und Wünsche verwirklichen, wenn wir unser Leben bewerten? Dass unser Gott der liebe Gott ist, der sich darum bemüht, dass alles gut geht? Dass deswegen unter Belastung unser Glaube oft schwankt oder bricht, weil wir nicht ernst nehmen, dass unser Leben in sein Leben einmündet, dass wir geborgen sind und bleiben, um seiner Gnade willen, nicht wegen unseres guten Lebens, geborgen in seinem Leben, auch in unserem Tod? Kann es sein, dass er uns die Zuversicht schenken will, dass wir loslassen können und doch nicht tiefer fallen als in seine Hände, weil er uns nicht, niemals allein lassen will?

Ihr spürt sicher, dass ich keine leichte Antwort habe. Uns ist so vieles im Glauben selbstverständlich geworden. Und manchmal erfahren wir, wie furchtbar und erschreckend etwas eingreift und zerstört. Dass wir in der Tiefe loben können, wenn wir annehmen, dass seine Treue nicht zu Ende ist, auch wenn wir im Schatten leben, das ist der Hinweis, der sich aus dem Loblied des Pls ergibt. Wahrhaftig kein leichtfertiger Hinweis. Ein Hinweis, der einlädt zu Gelassenheit und Vertrauen in die Treue Gottes, der in der Tiefe neben uns steht, der uns nachgeht und uns sucht, wenn wir uns verloren haben, der nicht aufhört, um uns zu werben, der Ursprung und Ziel unseres Lebens ist.

Wenn ich nachprüfen will, ob Pls recht hat, gibt es keinen anderen Weg als den, in guten und in dunklen Tagen darauf zu vertrauen, dass es nicht meine, sondern Gottes Sache ist, dass Leben gelingt, ungeachtet allen Kummers und aller Trauer. Vielleicht lerne ich Gott loben in Sorgen und Leid und Glück und Freude, in Schuld und gelingender Gemeinschaft, weil er zu mir steht. Wenn mir das Herz springen will vor Glück oder zerreißen in Mitleid und Leid. Denn von ihm und in ihm und zu ihm hin führt mein Leben, und das eure, und das der Menschheit und der Schöpfung. Ehre sei Gott in der Tiefe! Amen.

2. Sonnntag nach Trinitatis

<u>Predigt über Eph. 2, 17-22</u>

Liebe Gemeinde!

Die ältesten erhaltenen Bauwerke auf der Welt sind Kuppelbauten. So einen Kuppelbau kann kaum etwas zum Einsturz bringen, vorausgesetzt, die Fundamente sind fest und die Mauern sorgfältig gebaut. Freilich ist es schwer, ihn zu errichten – die Kuppel muss bis zuletzt mit Gerüsten abgestützt werden, und erst, wenn ganz oben der Schlußstein eingesetzt ist, können die Gerüste abgebaut werden. Dieser Stein ist keilförmig geformt, und er übernimmt die ganze Last der Kuppel. Ein Kuppelbau ist meistens ein Gotteshaus – etwa der Felsendom in Jerusalem, oder die Vatikankirche.

Im Epheserbrief wird die Gemeinde Jesu Christi mit einem Kuppelbau verglichen – das Fundament sind die Apostel, die von ihrem Leben mit Jesus berichten, und die Propheten, also in den Gemeinden die, die lehren und predigen. Der ganze Bau wird zusammengehalten von dem Schlußstein in der Kuppel – das ist Christus. Luther hat das „Eckstein" übersetzt. Und wir, die Christen, sind die lebendigen Steine, aus denen das ganze Bauwerk errichtet ist – wir stützen einander, wir geben uns gegenseitig Sicherheit, manchmal stöhnen wir ein wenig unter der Last des Bauwerks, manchmal vergessen wir, dass wir Teil eines Ganzen sind; aber wir sind Teil des Tempels Gottes in der Welt, so wie andere Gemeinden und andere Kirchen, und zusammengehalten werden wir von Christus, dem Schlußstein ganz oben in der Kuppel.

Dieser Tempel ist etwas anderes als unsere Kirchengemeinde. Er wächst, er treibt aus, er ist lebendig wie ein Baum, in ihm bilden sich neue Kammern, die allen Wohnung schenken, die sich – wie wir – auf das Fundament verlassen und sich zusammenhalten lassen vom Schlußstein. Dieses Bild fasziniert und bewegt mich. Kirche, die allen, die ihren Glauben leben wollen, Heimat bietet. Kirche, die sich ereignet, die geschieht. Kirche, die Evangelische und Katholische, Orthodoxe und Pfingstler unter einer Kuppel zusammenhält. Kirche, in der die einen von den anderen lernen können und die anderen von den einen bereichert werden. Kirche, die Mut macht dazu, sich zu überlegen, was denn wir den anderen weitergeben können.

In Israel habe ich Juden getroffen, die mir sagten, sie würden mit uns und Jesus an den Gott glauben, den er verkündet, aber sie würden nicht mit uns an den Christus Gottes glauben können – vielleicht leben sie auch in einer Kammer dieses Tempels? Wie dem auch sei – allen, die darin leben, die Teil davon sind, ist Frieden zugesagt; Heiden und Juden, Christen aller Konfessionen, Menschen in einer der großen Kirchen und solchen, die draußen sind – wenn sie nur auf dem Fundament gründen, das die Apostel darstellen, und wenn sie sich nur zusammenhalten lassen von dem Schlußstein des Gewölbes. Über das Wohnrecht in diesem Tempel entscheidet nur einer, das ist der Hausherr.

Aus den verschiedenen Kammern klingt ganz unterschiedliche Musik – gregorianische Choräle und elektronische Musik, neue geistliche Lieder und Orgelmusik. Manche der lebendigen Steine würden gern ihren Glaubensstil absolut setzen, sie leiden darunter, dass es so unterschiedlich klingt und singt. Es gibt noch viele andere Unterschiede – Liturgie und der Anspruch auf Leitungsautorität, oder auch das, was im Nachdenken über Glaubenserfahrungen herausgekommen ist und dann in Lehrsätze gefasst wird. Mir ist nicht so ganz klar, ob uns denn bewusst ist, warum es unsere Gemeinde in La Paz gibt, was ihre Besonderheiten sind, abgesehen von der Sprache. In dem Stimmengewirr im Tempel Gottes braucht es Profil – das Wissen um das, was unsere Gemeinschaft kostbar macht.

Und es braucht Frieden – das ist mehr als Nicht-Streit. Frieden verlangt von mir Achtung und Respekt vor anderen und ihrem Glauben. Frieden kann wachsen, wenn ich davon ausgehe, dass auch einer mit anderen Ausdrucksformen seines Glaubens es mindestens genauso ernst meint mit unserem Gott wie ich. Frieden verlangt aber auch, dass ich bereit bin, mitzudenken und mitzugestalten. Frieden lebt von dem Gespräch zwischen mir und dir, er lebt von unserer Achtung, vor unserem Wissen um den gemeinsamen Grund und den gemeinsamen Bau, um den, der uns zusammenhält. Frieden macht uns möglich, voneinander zu lernen. In der weltweiten Kirche, oder in unserer Gemeinde, Junge von Älteren, Alte von Jungen, und alle voneinander. Das schafft Leben im Bau, Leben, das froh macht und zum Singen anregt, das Gott lobt und Schritte in die Gemeinschaft wagen lässt.

So faszinierend dieses Bild vom lebendigen Tempel Gottes auch ist – ich muss ehrlicherweise sagen, dass die alltäglichen Erfahrungen mit diesem Tempel weniger Leben zeigen, als ich hier gezeichnet habe. Die einen schotten sich von den anderen ab. Gegnerschaft wird überbetont, und je weniger wir von anderen wissen, um so härter fällt unser Urteil über sie aus. Und das gilt nicht nur für die weltweite Christenheit, sondern auch für unseren Umgang miteinander. Wir erkennen nur ein Zipfelchen der Persönlichkeit des anderen, aber wir meinen, wir müssten über ihn urteilen und manchmal ihn verurteilen, ohne eigentlich genug von ihm zu wissen. Mit Geschwätz und Verdächtigungen können wir Freundschaft und Brüderlichkeit zerstören, in der weltweiten Christenheit wie in unserer Gemeinde.

Aber je genauer wir den anderen kennen, um so schwerer wird es, ihn zu verurteilen – um so eher sind wir bereichert und gestützt und gehalten von ihm und können ihn halten, als lebendige Steine im Tempel Gottes. Das ist Zusage und Verheißung – was liegt näher, als dass wir uns auf den Weg machen, dem immer ähnlicher zu werden, uns mit Respekt und Achtung, mit Offenheit und Freundschaft zusammenzusetzen und zu lernen, was den anderen bewegt und bedrückt, und ihm von unseren eigenen Hoffnungen und unserer eigenen Traurigkeit zu erzählen! Ich will uns Mut machen dazu, miteinander ins Gespräch zu kommen. Mut zur Achtung voreinander. Mut zur Offenheit. Mut, voneinander zu lernen und miteinander zu beten und zu streiten und zu lachen, im Wissen, dass wir einander stützen, dass uns Christus zusammenhält und wir fest auf dem Grund stehen, den der Glaube der Jünger uns bereitet hat. Amen.

4.Sonntag nach Trinitatis

Predigt über Rm 14, 10-13

Liebe Gemeinde!

Martin Walser erzählt in seinem Roman „Die Verteidigung der Kindheit“ von einem Elternpaar, das Gott als den großen Aufpasser entdeckt hat, damit hat sich ihr Kind „vor Gott selbst und als einen strafenden Schwadronen zu verantworten.Vor allem: Jetzt war kein Schummeln mehr möglich. Eine Beobachtungsstelle war jetzt als Auge Gottes in einem selbst eingebaut. Damit war man geliefert. Ein für alle Male. Grausamer konnte nichts sein. Gegen diese eingebaute christliche Verurteilungsinstanz vermag man nichts. Lebenslänglich.“

Manche von uns wurden wohl früher mit dem 4. Gebot diszipliniert. Viele Menschen erfaßt deswegen ein Unbehagen, wenn sie hören, dass Pls sagt: „Wir werden alle vor den Richterstuhl Gottes gestellt werden.“ Für mich hat diese Aussage etwas ungemein Tröstliches an sich. Sie sagt mir doch: Ich muss mich für mein Verhalten, für mein Leben, für meine Taten vor nichts und niemandem verantworten außer vor Gott. Ich muss vor mir bestehen können, und ich muss vor ihm beste--hen können, und dann kann es mir weitgehend egal sein, ob mein Lebensstil von anderen akzeptiert wird. Dann kann ich mir eingestehen, wenn ich etwas falsch gemacht habe, und kann zu meiner Schwachheit stehen. Denn letzten Endes werde ich von dem beurteilt, der die Liebe ist, der versteht, was mich bewegt, der erwartet, dass ich mich nach Kräften darum bemühe, mit Liebe und Menschlichkeit mein Leben zu führen, und der mit Güte und Nachsicht mein Scheitern sieht. Es ist Gott, der mich richtet, und er weiß nicht nur, was ich tue, er weiß auch, welche Gedanken, Träume, Verletzungen mein Handeln beeinflussen.

Dass andere Herzklopfen bekommen, wenn sie von dem richtenden Gott hören, kann ich schon verstehen; aber mir scheint es ausgesprochen gotteslästerlich zu sein, ihn als Helfer bei der Erziehung schwieriger Kinder heranzuziehen. Ist er nicht der, der Grund allen Vertrauens ist? Hat er nicht immer wieder deutlich gemacht, dass Sünde nicht Bestand haben soll zwischen ihm und mir? Hat er nicht ganz deutlich gesagt, dass jeder, egal woran er scheitert, neu beginnen darf? Wenn aus dem Gott, der die Liebe ist, der ganz durchdrungen ist von der Zuwendung zu seinen Menschen und vom Erbarmen, ein schwarzer Butzemann gemacht wird, ist das schrecklich. Ich stelle mir vor, wie einer versucht, sein Leben in Verantwortung vor Gott zu führen, wie er stolpert und hinfällt und dann verzweifelt sagt: „Tut mir leid, ich kann es einfach nicht." Und Gott antwortet: „Versuche es noch mal! Komm, ich helfe dir auf." So habe ich Gott erlebt und so habe ich von ihm gehört, in der Verkündigung Jesu und in Krisen und Anfechtungen. Davon redet unsere Kirche, wenn sie sagt: Wir leben alle aus der Gnade Gottes und werden gerechtfertigt um seiner Gnade willen, nicht um unserer guten Taten willen.

Das ist für mich eine der zentralen Aussagen unseres Glaubens. Gott will nicht Angst machen, er will ermutigen und weiterhelfen. Gott hat sich das Richten vorbehalten – und sein Richten hat nichts mit Verdammen zu tun, wohl aber sehr viel mit Ausrichten, Geradebiegen, was in uns krumm und verkrüppelt geraten ist. Dass aus diesem Zuspruch so etwas wie ein Drohteufelchen gemacht wurde, zeigt vielleicht, dass wir uns immer noch schwer tun, Liebe anzunehmen.

Wenn mich Gott richtet, dann kann ich gelassen und zuversichtlich tun, was mir mein Herz und mein Gewissen sagen, und brauche nicht irritiert zu sein, wenn mein Leben anders verläuft, als das die Gesellschaft (wer immer das ist) für richtig hält. Nun muss ich sagen: Mit dem Kopf ist mir das klar. Mit dem Herzen habe ich es noch nicht richtig verstanden. Ich schaue immer auch darauf, was andere sagen. Es fällt mir schwer, nicht zu verurteilen, was andere tun. Ich vermute hinter ihrem Handeln ein bestimmtes Motiv, bestimmte Grundhaltungen, und rege mich auf, wenn sie nicht so reden und handeln, wie ich das für richtig halte. Ich spüre die Versuchung, über andere zu klatschen, sie zu verurteilen, und manches von dem, was ich tue oder sage, hätte mit Sicherheit keinen Bestand vor dem Auge Gottes, das nach Liebe und Menschlichkeit sucht.

Andererseits erlebe ich auch Verurteilung durch andere, die nicht verstehen oder nachvollziehen können, warum ich so denke und handle, wie ich das tue. Muß ich tatsächlich so viel Rücksicht auf die Meinung anderer nehmen, dass ich mich davon einschüchtern lasse? Ich meine, es sei wichtig, dass ich ehrlich bin, mir selbst und Gott und dann auch euch und denen draußen gegenüber. Kann es geschehen, dass meine Ehrlichkeit zu bröckeln beginnt, weil ich soziale Isolation fürchte? Ihr hört hoffentlich, dass ich von mir spreche. Ich vermute allerdings, das manchen von euch solche Gedanken nicht fremd sind.

Gott richtet – darum schau zu, dass du vor ihm bestehen kannst, und lass das Verurteilen von anderen. Das kann ich nachsprechen. Aber für Pls hat das noch eine andere Konsequenz, mit der ich mich herumschlage: Achtet darauf, dass ihr niemandem Grund zu Ärgernis und Anstoß gebt. Nimmt er damit die herrliche Freiheit wieder zurück, zu der er eingeladen hat? Oder geht es ihm um Behutsamkeit? Es kann ja der Liebe auch nicht entsprechen, wenn ich stur meinen Weg gehe und wie ein Mähdrescher alles niederwalze. Meine Freiheit hört dort auf, wo ich die Freiheit anderer begrenze. Behutsam mit anderen umgehen meint, auf Verurteilen zu verzichten. Es meint auch, Provokation zu vermeiden, wenn der andere damit aus dem Gleichgewicht gebracht wird. Das scheint mir so etwas wie eine Gratwanderung zu sein: Auf der einen Seite droht die Selbstverwirklichung zu Lasten anderer. Ich kann mich nicht einsam verwirklichen. Auf der anderen Seite droht die Manipulation einer Gesellschaft, die mir mein Handeln und Tun, mein Denken und Fühlen gern vorschreiben würde.

Manchmal wird es nicht allzu viel kosten, wenn ich ein wenig hinsitze und warte, bis andere das Stück Weg nachkommen, das ich gehen durfte. Manchmal wird es zumutbar sein, dass ich anderen die Freiheit lasse, vorauszugehen, weil sie stärker sind. Wenn wir miteinander unterwegs sind, müssen wir im Gespräch bleiben. Dann müssen wir uns austauschen über Einsamkeit und Ängste, über Verletztheit und Unverständnis, und wir werden uns liebevoll darum bemühen müssen, den anderen zu verstehen und uns selbst verständlich zu machen. Anders kann ich mir keinen Weg vorstellen, den wir in Freiheit und in der Verantwortung vor Gott miteinander gehen können. Amen.

6. Sonntag nach Trinitatis

<u>Predigt über Römer 6, 3-11</u>

Liebe Gemeinde!

Im RU hatten wir intensiv über ein Problem diskutiert. Ich wollte den Schülern gern mit einem Text von Plato, dem griechischen Philosophen, einen Denkanstoß geben und hatte einen ungeheuren Erfolg – einen Lacherfolg. „Sollen wir das verstehen?“ haben sie gefragt. „Kann das überhaupt jemand verstehen?“

Könnte es sein, dass Sie genauso wie ich Schwierigkeiten haben mit diesen dichten theologischen Gedanken des Pls zur Taufe? Lasst sie uns ein wenig näher ansehen und uns überlegen, ob sie etwas mit uns zu tun haben. Das erste, was mich anrührt, ist die Aussage: „Ihr habt den Tod hinter euch, denn ihr seid in den Tod Christi hinein getauft und habt Anteil an seiner Auferstehung.“ Den Tod hinter sich haben – das ist wie bei einem, der zur Operation ins Krankenhaus geht. Über Risiken und Folgen der Operation haben ihn die Ärzte informiert, er hat alle Untersuchungen hinter sich und bekommt die übliche Beruhigungstablette, und dann vertraut er sich der Anästhesie an – wie einem kleinen Tod. Von der Operation selbst, der großen Verwandlung, merkt er nichts. Er wacht langsam auf, mühsam hebt er die Augenlider. Das erste, was er sieht, ist eine Uhr im Neonlicht. Etwas in ihm sagt: Ich bin in der Zeit. Mein Leben geht weiter. Eine schlanke Gestalt im weißen Kittel kommt auf ihn zu, beugt sich über ihn, ihre Hand berührt sanft seine Schulter. Dann schreibt sie etwas in ein Buch – wie der Engel des Gerichts, es geht um sein Leben. Teilnahmslos sieht er zu. Nachdem er aber aus der Intensivstation kommt, hat er einen ganz anderen Blick für das Leben – so viel Schönes wird ihm bewusst. Und: Der Tod verliert seine Schrecken. Noch wochenlang hält diese Gelassenheit an. Er hat den Tod, einen Schatten von Tod, hinter sich.

„Ihr seid in den Tod Christi hineingetauft.“ Nicht auf Christus, in seinem Namen. In den Tod Christi hineingetauft. Das ist, wie wenn wir in einen Raum treten würden. Wie ist es, wenn ihr in die Kirche kommt? Draußen geht es laut zu, Autoverkehr, Rufe von Busbegleitern, hastende Menschen mit Plastiktüten. Hier drin ist es still. Draußen bestimmen die Lebenden, was geschieht. Die Toten werden nicht mehr gehört. Hier zwingt der Gekreuzigte die Blicke auf sich, in seinem Namen wird hier gehandelt – eine Umkehrung der Lebensgesetze. Hier halten wir dem Angesicht des Todes stand, solidarisieren uns mit dem, der so einsam und bitter starb, und zugleich mit allen, die in der Welt gekreuzigt, verfolgt, gedemütigt werden; wir überlegen und beten und durchdenken unser Leben draußen, atmen durch und spüren, wie uns etwas anrührt, etwas, was mit dem Heiligen Geist zu tun hat. Mitten in der Stadt ein Raum, der nur dazu da ist, dass Gemeinschaft wachsen kann, dass wir Ruhe finden vor Christus. Wer sich mit dem Evangelium auseinandersetzt, das die Kirche ja ausmacht, der lässt sich in den Tod Christi verwickeln, und zugleich fasst er Mut zur Hoffnung: „Alle, die in den Tod Christi getauft sind, dürfen darauf vertrauen, dass sie wie er leben werden."

Von Sünde spricht Pls. Das kommt uns bekannt vor – von Sünde wird in der Kirche immer wieder geredet. Ein altmodischer Begriff! Modern ist, von innerer Freiheit zu reden, von der Entfaltung der Persönlichkeit, von Überwindung von Zwängen, von Entfremdung und von Therapie zum Ganzwerden. Was für schöne Begriffe – sie haben damit zu tun, was „Sünde" meint: Absonderung. Distanz von anderen Menschen, die uns gefährlich werden könnten mit ihrer Meinung von uns, mit ihrer Stärke, ihrer Überlegenheit, ihrer Dummheit. Distanz von uns selbst, von der Angst, die wir spüren, von den Hemmungen, mit denen wir zu tun haben, von den Wunden der Seele, die uns weh tun, wenn wir sie anrühren. Distanz von Gott, von dem Anspruch und Zuspruch, dass wir mit ein wenig Mühe und Vertrauen wachsen könnten, menschlicher werden, gütiger, seiner Liebe und unseres Wertes sicherer.

Mir scheint, diese Distanz, diese Tendenz zur Unverbindlichkeit prägt unsere Zeit und uns selbst weitgehend. Sie ist wie eine Zelle, in der wir sicher sind, aber eben eingesperrt, gefangen. So, sagt Paulus, leben die Menschen seit Adam, unerlöst, um sich selbst kreisend, im Kern einsam. Jesus hat die Zellentür aufgemacht. Er hat das mit seinem Leben bezahlt. Genauer: Er ist gekreuzigt worden, weil er das, was uns einsperrt, für sich und uns nicht gelten lassen wollte. Wir sind getauft in seinen Tod – für uns gilt das genauso. Wir wollen nicht mehr gelten lassen, was uns voneinander und von Gott trennt. Wir wollen frei sein, frei zur Hoffnung auch dort, wo wir keinen Weg mehr sehen. Frei zum Vertrauen, auch wenn wir immer wieder verletzt und zurückgewiesen werden. Frei zum Leben, auch wenn wir immer wieder mit unserer Lebensangst zu tun haben.

Das Wasser der Taufe ist Symbol des Todes: Der Mensch, der um sich kreist und in sich gefangen ist, der sich absondert und isoliert, der unter der Herrschaft der Sünde steht und den Zwang zur Distanz spürt, wird getötet. Wasser ist auch ein Symbol des Lebens: Es löscht den Durst, es wäscht den Schmutz weg, es macht frisch. Auch das wird in der Taufe als Bild gebraucht: Neues Leben wird gepflanzt, wird sozusagen angegossen. Leben, das frei ist von Angst und Tod. Also: Ihr seid getauft. Die Zelle ist offen. Kommt heraus, wagt eure Schritte in die Freiheit, seid frei dazu, andere nicht nur mit skeptischem Blick wahrzunehmen, sondern sie mit einem Lächeln zu grüßen; frei dazu, eure Angst und Schmerzen wahrzunehmen, anzunehmen und darüber hinauszuwachsen, frei dazu, über euren Horizont, über die Welt, über das Leben hinaus zu vertrauen. Ihr seid frei – also werdet frei.

Jetzt muss ich euch etwas gestehen. Das klingt so gut. Ich schleppe meine Angst, meine Skepsis, meine Bequemlichkeit auch im Freien mit mir herum, wie eine Kugel am Bein des Gefangenen. Nicht nur ich – was wäre das für eine tolle Gemeinschaft, in der alle, die auf Christus vertrauen, so erlöst aussehen und leben würden, wie sie sind! Also, lieber Pls, was hat sich denn nun eigentlich geändert mit deinem gewaltigen, so schwer zu verstehenden Stück Theologie? „Ihr werdet auferstehen, wie Christus auferstanden ist.“ Was heißt das?

Mich holt mein altes Leben immer wieder ein, ich bleibe immer wieder stecken in dem Tod der Liebe, in dem Tod von Vertrauen und Zuversicht, in dem Tod von erfülltem Leben – und fasse immer wieder neu Mut, setze neu an, lasse alten Ballast zurück. Ich bin getauft. Da muss ich hineinwachsen, jeden Tag neu, wie ein Kind in die Kleider älterer Geschwister. Das neue Leben ist vielleicht manchmal zu groß für mich – was solls! Wenn mich der Tod einholt, jeden Tag, dann holt mich auch die Auferstehung ein. Wenn ich falle, kann ich wieder aufstehen, immer neu, und wachsen und stärker werden. Manche Leute haben Angst davor zu scheitern. Wir können scheitern, und dann neu beginnen, auferstehen zu neuem Leben mitten im Leben und, wie wir hoffen, auch nach dem Leben. Der Tod holt uns immer wieder ein. Aber das Leben bleibt uns. Wir sind getauft, in den Tod Jesu und in das Leben des Auferstandenen hinein. Amen.

10. Sonntag nachTrinitatis

Predigt über Apostelgeschichte 9, 1-21

Liebe Gemeinde!

Wenn ich einen Text für eine Predigt zu wählen hätte, würde ich sicher nicht diese Geschichte wählen. Nicht weil sie langweilig oder zu fromm wäre, sondern weil sie zu persönlich, zu sehr auf das Schicksal des Saulus zugeschnitten ist, der zum Paulus wurde. Sie ist sozusagen zu intim, das zentrale Schlüsselerlebnis im Leben des Apostels – in der Apg wird seine Berufung noch zweimal erwähnt und in den Briefen weitere fünf mal. Christus hat ihn gepackt und geschüttelt, in die Finsternis verbannt, gewissermaßen auseinandergenommen und wieder zusammengesetzt. Er hat sich durchaus nicht im Wesen geändert; er ist nach seinem großen Erlebnis der gleiche eifernde Hitzkopf, schwer zu ertragen für die Freunde und höllisch scharf für die Gegner, wie vorher. Und wenn sich Paulus in der Gemeinde um die Pfarrstelle bewerben würde, würde er wohl nicht gewählt werden. Er ist auch nicht bekehrt worden – er war vor seiner Begegnung mit dem Auferstandenen ein treuer, eifriger Jude und war es auch hinterher. Was sich geändert hat, ist sein Gottesbild, das Verständnis Gottes, durch die Begegnung mit dem auferstandenen Chrisus.

Und das ist nun wirklich etwas, was für euch und für mich wesentlich ist, was diese Geschichte über ihre persönliche Komponente hinaus bedeutsam macht. Gott korrigiert in Christus, was Paulus und wir von ihm erwarten dürfen und welche Bedeutung er für uns hat. Saul war ja durchaus kein gottferner Mensch. Aber sympathisch war sein Glaube auch nicht – streng, voller Eifer und Eifersucht, mit Angst durchsetzt, und wehe dem, der anders dachte, anders hoffte, anders vertraute! Gott war der strenge, übermächtige Herr des Weltalls und sah mit scharfem Blick darauf, dass seine Menschen gehorchten. Dafür trat der junge Saul ein. Ihm diente er, mit Leib und Seele, mit Feuereifer und aller Kraft. Er war auf der Seite des strengen Gottes, und darum nahm er sich die Macht zu urteilen und zu verurteilen.

Glaubt nicht, diese Art des Glaubens sei auf das alte Judentum beschränkt! Über weite Epochen der christlichen Geschichte sehen wir, wie gerade auch in Lateinamerika die Religion der Liebe mit Gewalt ausgebreitet wurde und unter Einsatz von Macht Angst und strenger Gehorsam gepflanzt wurden. Für Generationen von Eltern war Gott Erziehungsgehilfe, und Generationen von Kindern hatten Albträume bei dem Gedanken daran, dass Gott auch die kleinsten Verfehlungen sah und streng bestrafte. Solch ein Glaube macht finster und unduldsam. Auch heute noch.

In den Gemeinden gibt es – überall – zum Beispiel den Herrn Planer. Er hat immer die Initiative in der Hand, er strukturiert und terminiert und organisiert, er weiß genau, was gut und was schlecht ist und was Gott will und plant, und kann mit Geduld und wagender Liebe überhaupt nichts anfangen. Seine Mitarbeiter nennen ihn einen Machtmenschen, aber nur heimlich, weil sie ihn fürchten. Oder Frau Fürsorglich, die allen hilft, aber sich selbst nicht helfen lässt, die unendlich viel Gutes tut und überall schenkt, aber nicht in der Lage ist, Geschenke anzunehmen. Besonders schmerzhaft spüren das ihre Kinder, die von ihr nur Gutes erfahren und trotzdem geduckt und unglücklich wirken – weil sie die Macht spürt, die ihre Fürsorge für andere ihr einräumen kann. Oder Herr Artig, der sanft und freundlich ist, der die anderen die Entscheidungen vorbereiten und treffen lässt, und sie sind dann die Bösen, er ist das bedauernswerte Opfer, er macht ja keine Fehler, Kunststück, er macht ja gar nichts, und so beherrscht er seine Umgebung.

Wenn es ihnen doch auch wie Schuppen von den Augen fiele! Ihnen, und uns – denn dass wir immer in Versuchung sind, unsere Umgebung mit Macht und Zuwendung oder ganz subtil mit Freundlichkeit zu **beherrschen**, werden die meisten von uns mehr oder weniger bewusst ahnen. Wir fallen auf uns selbst herein, und wenn wir eifernd, mit Kraft und Energie, das durchzusetzen versuchen, was wir für richtig halten, haben wir gute Gesellschaft: den jungen, eifernden Saulus. Genau das tat er auch. Und sein Gott war streng und finster.

Aber das ist nicht Gott, wie ihn Jesus verkündigt hat. Das ist nicht Gott, wie er sein will für uns. Angst hat im Glauben nichts verloren. Demut wohl, Bescheidenheit und Hingabe, Dankbarkeit und der Mut zu dienen und für Frieden mit Menschen und Schöpfung einzustehen, aber Angst gewiß nicht. Einsicht, vielleicht. Bereitschaft, sich zu ändern, und Geduld, wenn andere sich an die unendlich schwere Aufgabe machen, sich zu ändern. Saulus, der den finsteren Gott im Herzen trägt, wird von dem Licht des auferstandenen Christus überwältigt. Gott selbst korrigiert. Er hat mit Liebe zu tun, aber nicht mit Angst, und wenn einer für Glaube wirbt und Angst sät, ist er nicht auf Gottes Seite. Er hat mit Licht zu tun, aber nicht mit Finsternis, und wenn Glaube einen Menschen nicht fröhlicher, unbeschwerter, menschlicher macht, ist etwas an diesem Glauben nicht richtig. Er hat mit Leben zu tun, nicht mit Tod, und wenn einer seinen Willen verkündet und Leben einschränkt, hat er seinen Willen nicht verstanden.

Ich weiß, dass die Gebote heute von vielen als Einschränkung des Lebens verstanden werden. Es wird unmodern, sich zu seinem Partner zu bekennen. Es ist ärgerlich, dass die Produktivität unter der Sonntagsruhe leidet. Es ist unmodern, wenn sich Eltern zu ihren Kindern und Kinder zu ihren Eltern bekennen. Aber denkt nach – sind die Gebote Einschränkungen oder Spielregeln für ein Leben, das mir und dir Leben garantiert, das verhindert, dass wir Arbeitsmaschinen werden und über den Interessen an eigenen Vorteilen das Leben, das reiche, volle Leben miteinander verfehlen? Saul, so scheint mir, hat vor lauter Eifer für seinen düsteren Gott zu leben vergessen – er lief durch die Welt und lauerte auf Zeichen von denen, die zu Christus gehörten und miteinander vertrauend unterwegs waren. Dass ihn Christus gepackt und überwältigt und die Augen geöffnet hat, war wie ein Ruf ins Leben – sein Gott war lebensfeindlich, sein Eifer zerstörte. Und darum hat er Tage in der Finsternis verbracht, bis ihn die fürsorgliche Hand eines einfachen Menschen, Hananias, ins Leben zurückholte.

Drei Tage und drei Nächte, wird erzählt. Mir scheint das wie ein Zitat der Ostergeschichte – erst am dritten Tag ruft Gott Christus in das Leben. Oder eine Erinnerung an die Jonageschichte – der Mann, der Angst hat vor Gott und schließlich erzürnt ist über Gottes Güte und der, auseinandergenommen und wieder zusammengesetzt, Gehorsam und Vertrauen im Bauch des Fisches und in der grellen Sonne von Ninive lernen musste. Es kann durchaus geschehen, dass der Glaube an den lichten, liebenden Gott erst wachsen kann, wenn wir in die Finsternis der Krise fallen. Mir ist es so gegangen. Und das ist wieder eigentlich zu persönlich und intim für eine Predigt.

Aber unter uns sind Menschen, die unter der Finsternis ihrer Lebenssituation leiden. Euch will ich direkt ansprechen. Eure dunklen Tage können gesegnete Tage werden. Vielleicht erlebt ihr Finsternis, damit euch das Licht des lebendigen Christus die Angst nehmen und Vertrauen möglich machen kann. Steht auf und geht – dunkle Tage können in seinen Händen zu gesegneten Tagen werden. Amen.

11. Sonntag nach Trinitatis

<u>Predigt über Eph. 2, 4-10</u>

Liebe Gemeinde!

Es tut gut, so ganz positive Aussagen über unser Leben zu hören. Hört nur einmal genau hin! Gott ist uns mit seiner großen Liebe bis in den Tod gefolgt. Gott hat uns zusammen mit Christus lebendig gemacht. Gott hat unser Leben in den großen Horizont des Himmels eingespannt. Gott will uns überreich beschenken um seiner großen Güte und Gnade willen. Gott hat uns zu Menschen gemacht, die seine Güte in die Welt hinein er-leben.

Diese positiven Aussagen rühren mich an. Sie rühren mich an vor dem Hintergrund meines Zorns über die Menschen, die im Sudan – und auf dem Altiplano – noch nicht einmal das Notwendigste zum Überleben haben. Sie rühren mich an vor dem Hintergrund meiner Empörung über Diktatoren, die in Libyen und anderswo Krieg gegen Frauen und Kinder führen, oder Fanatiker, die sich in unserem Land mit Gewalt durchzusetzen versuchen. Sie rühren mich an auf dem Hintergrund von Erfahrungen, die mir sagen, dass ich vielleicht doch nicht ganz so menschlich und gütig bin, wie ich das von mir erwarte. Und sie machen mir Mut dazu, auf die Kraft von Menschlichkeit und Liebe zu vertrauen; sie ermutigen mich, meine Erwartung und meine Hoffnung auszudrücken, dass wir miteinander ein Licht in der Dunkelheit unserer Welt anzünden können; sie lassen mich gegen alle schweren Erfahrungen darauf vertrauen, dass die Revolution der Liebe endlich die fürchterlichen Folgen von Ichsucht und Machthunger bei uns und überall in der Welt überwindet.

Und im Warten und Handeln, im Hoffen und Anregen wird mir der Atem lang, mir und sicher doch auch euch. Rührt uns denn nicht die Not der Kinder in Pakistan oder das Elend der Menschen an, die bei uns auf der Straße schlafen? Es gibt doch auch bei uns welche, die bereit sind, die Helfer dort und hier zu unterstützen und mit ihrer Solidarität zu ermutigen? Lassen wir uns ansprechen von dem Traum einer menschlicheren, gütigeren Welt? Ich weiß wohl – manchmal geht uns die Kraft aus, wird der Atem knapp, können wir einfach nicht mehr mit-leiden und mit-suchen, und dann machen wir zu, wenden uns ab – nicht weil wir hartherzig wären, sondern im Gegenteil, weil uns die Not um uns her und überall zerbricht. Da tut es ausgesprochen gut zu hören: Ihr seid nicht in erster Linie Handlungsreisende in Sachen Liebe. Ihr seid zuerst und vor allem Empfangende. Ihr seid reich beschenkt, und wenn ihr sucht und drängt und fragt, dann geschieht das vor der Verheißung der hellen Zukunft Gottes, vor seiner Liebe, die euch sucht, vor seinem Leben, an dem ihr Anteil habt.

Wir sind Empfangende. An diesem Gedanken bleibe ich hängen. Mir fällt auf, dass wir eigentlich in allen elementaren Lebensbereichen empfangen, uns beschenken lassen, auf Einsatz und Liebe anderer zurückgreifen, Vertrauen fassen, weil wir angesprochen werden. Das Leben haben wir empfangen – keiner hat uns gefragt, ob wir leben wollen, und es ist ein Wunder, die Freude über die Sonne und das Licht, über Begegnungen und Geborgenheit erleben zu dürfen. Das tägliche Brot empfangen wir, jeden Tag neu – und das ist weit mehr als das Essen; es ist die Erfahrung, geliebt und geachtet zu sein; es ist Verstehen und Vertrautheit; es ist die Begegnung mit Menschen, denen wir wichtig sind und die zu uns halten; es ist Hoffnung und Freude an jedem Schritt, den wir miteinander tun dürfen. Gesundheit gehört dazu und die Kraft, wenigstens den nächsten Schritt weitergehen zu können, wenn uns auf der Seele die Trauer lastet. Das Vertrauen gehört dazu, dass wir leben dürfen auch dann, wenn der Tod in unser Leben einbricht und unsere Tage überschattet. Der Mut gehört dazu, aufzustehen, wenn wir unter der Last des Schicksals zusammengebrochen sind, und wieder weiterzugehen. Unser tägliches Brot gib uns heute – schenke uns, was wir heute brauchen, und lass uns morgen offen sein für deine Gabe, Gott. Wir sind Empfangende – Glaube und Hoffnung empfangen wir, Liebe und auch den Traum von einer Welt, die gerecht und menschlich ist.

Wir sind Empfangende. Wir meinen es manchmal gut, herzensgut, und scheitern trotzdem, tun weh, werden falsch verstanden und sind selbst verletzt. Wir spüren, dass wir in uns selbst zerrissen sind, und der Friede, den wir verwirklichen wollen, löst nur neue Spannungen und neuen Streit aus. Aber in diesen Versen wird der Anspruch an uns weit zurückgeschraubt. Gott ist der, der handelt. Dass wir zerrissen und vom Tod bedroht sind, ist für ihn Anlass, mit seiner Liebe die Abgründe zu überspannen, die in uns selbst liegen. Wir werden nicht an dem gemessen, was wir leisten, wir werden mit dem Blick seiner Liebe gesehen.Wir sind wichtig und wertvoll nicht, weil wir Gutes tun, wir sind wichtig und wertvoll, weil wir ihm lieb sind. In dieser Liebe dürfen wir uns bergen – wie das Kind, das zur Mutter kommt und gesteht: Ich habe die Vase runtergeworfen! Und dabei sein Gesicht in ihren Schoß drückt und von ihr getröstet werden will. Es kann zu seiner Schuld stehen, weil es ihre Liebe durchträgt auch durch Schuld und Tolpatschigkeit. Wir sind geliebt, da fällt es leichter, einzugestehen, wenn manches nicht so gut gelaufen ist, wie wir wollten, und es fällt leichter, gelassen zu regieren, wenn andere sich nicht so verhalten, wie wir das erwarten.

Wir sind Empfangende. Mich fasziniert die Gewissheit, mit der gesagt wird: Ihr seid selig. Aus Gnade seid ihr selig. Nicht: Ihr werdet die Seligkeit erlangen, ihr jagt ihr nach, ihr habt sie verheißen bekommen. Ihr seid selig, jetzt und heute, mitten im Scheitern und Suchen und Neubeginnen, mitten in der Trauer und Unzulänglichkeit. Der Himmel geschieht jetzt. Ich denke, wenn das so ist, dann muss das irgendwie konkret erfahrbar sein. Die Christen unseres Landes wirken durchaus nicht so selig. Vielleicht müssen wir neu entdecken, dass wir akzeptiert werden als Teil einer Gemeinschaft, die uns um Christi willen trägt und uns um seinetwegen achtet und sich von uns tragen und achten lässt. Vielleicht müssen wir neu entdecken, dass Gottes Dienst an uns darin besteht, dass er uns zueinanderstellt und aneinanderbindet, wenn wir vor ihm stehen,und dass wir wirklich zu einer Gemeinschaft gehören dürfen, die über alle Grenzen und Kulturen hinweg Menschen zueinander führt. Es hat schon einen Grund, dass im Text von „ihr“ geredet wird – ihr seid selig, ihr seid Gott seine Liebe wert, ihr seid die, die seine Liebe in die Welt hinein-erleben. Es geht nicht um meine und deine Seligkeit. Es geht darum, dass wir miteinander angerührt und bewegt sind, herausgeholt aus Bitterkeit und Sünde, hineingestellt in Himmel und Erlösung und Leben. Es geht darum, dass wir entdecken, wie uns der Dienst Gottes und der Dienst an Gott zusammenführt, dass wir entdecken, wie uns diese Gemeinschaft frei macht – nicht um Gutes zu tun, sondern zu Güte, nicht zum Liebesgaben geben, sondern zur Liebe. Wir sind Empfangende. Sogar dann, wenn wir teilen und helfen und anderen zum Segen werden. Gottes Spur der Liebe legt sich durch unser Herz und so in die Welt. Er handelt. Wir sind gesegnet, wenn er durch uns handelt. Amen.

15. Sonntag nach Trinitatis

Predigt über 1. Petrus 5, 5c-11

Liebe Gemeinde!

Eine Karikatur zeigt einen Mönch, der vergeblich versucht, in ein großes Mauseloch zu kriechen. Ein anderer, der nebendran steht, sagt: „Das ist keine Demut, Bruder Clemens, das ist Feigheit." Damit ist eine zentrale Frage an diese Verse deutlich: Was ist Demut? Ist ein demütiger Christ einer, der sich am liebsten verkriecht? Der nicht wagt, Farbe zu bekennen? Was ist daran „Mut"?

Demut hat wirklich etwas mit Mut zu tun – Mut zum Dienen meint das Wort. Ein demütiger Mensch war etwa Martin Luther, der Gott diente und deswegen dem Kaiser und den Mächtigen des Reiches Widerstand leistete. Martin Luther King war demütig; er forderte gegen den Widerstand der gesamten weißen Bevölkerung Respekt für seine schwarzen Mitbrüder ein und bezahlte letzlich seinen Einsatz mit dem Leben. Oder, ein paar Nummern kleiner, der Lehrling, der sich im Betrieb zu seinem Glauben und seinem Einsatz in der Gemeinde bekennt und in Kauf nimmt, ausgelacht zu werden. Die Unternehmerin, die lieber mehr Steuern bezahlt und um Gottes willen ehrlich bleibt, als in der Steuererklärung zu lügen, und die mancher deshalb dumm nennt.

Demut hat auch mit Widerstand zu tun. Das ist eine überraschende Erkenntnis. Es kostet Mut, treu zu bleiben – den Mut, Anfeindungen in Kauf zu nehmen, gegen den Strom zu schwimmen, abgestempelt zu werden. Demut verzichtet darauf, andere anzugreifen, aber leistet Widerstand, wenn sie unter Druck setzen, und steht zum eigenen Glauben und zu seinen Konsequenzen. Das zeichnet eine ganz eigene Spannung: Verzicht auf Aggression, aber zugleich Mut zu Treue und ein klares Profil.

Im 1. Petrusbrief entdecke ich ähnliche Spannungen, Verhaltensweisen, die sich eigentlich ausschließen: Seid demütig – leistet Widerstand. Oder: Sorgt euch nicht – bleibt nüchtern. Wie ist das mit dem Widerstand, den die leisten sollen, die glauben? Für den Schreiber des Briefes ist das rasch abgehandelt: Der Teufel geht umher wie ein brüllender Löwe. Mit der Person des Teufels habe ich persönlich meine Schwierigkeiten. Die personhaft vorgestellte Macht des Bösen wird in Märchen oder mittelalterlichen Bildern sehr konkret gezeichnet: Schwefelgestank, Hinkefuß, und im übrigen pflegt er Verträge mit Blut unterzeichnen zu lassen. Ein Teil von jener Kraft, die stets das Böse will und stets das Gute schafft, sagt Mephisto frustriert in Faust.

Mir scheint, Versuchung zu Bösem kommt in aller Regel nicht von draußen; in uns selbst sitzt das, was uns dazu verleiten will, bequem zu sein, unsere Ruhe gegen alle Appelle zu verteidigen, das eigene Interesse höher zu stellen als die Verantwortung für andere. Und es fällt uns viel leichter, mit eigenem Versagen umzugehen, wenn wir einen anderen dafür verantwortlich machen, der uns halt an einem schwachen Punkt erwischt hat – was kann ich schon gegen die Macht des Teufels tun! Demut vor Gott hat mit Treue zu tun. Und unsere Treue wird nicht von außen gefährdet. Das sitzt schon in uns selbst und zwickt und lockt und arbeitet mit der Angst, zu kurz zu kommen, und mit dem heiligen Egoismus. Dem Teufel Widerstand zu leisten, das meint für mich konkret: Meinem Glauben, meiner Hoffnung, meiner Überzeugung treu bleiben. Sie meiner eigenen Bequemlichkeit gegenüber energisch durchsetzen. Zuverlässig sein, den Freunden wie den Gegnern gegenüber. Mut haben dazu, Farbe zu bekennen, Stellung beziehen, Meinung äußern, auch wenns in mir flüstert: Lass doch, das bringt doch nichts. Aber auch den Mut, den Mund zu halten, mich zurückzunehmen, wenn andere da sind und glaubwürdig eintreten für Liebe und Menschlichkeit.

Ich will es positiv sagen: Stört ihr euch an Gewalt und Gleichgültigkeit? Sorgt ihr euch um unsere Gemeinde, und meint ihr, dass unseren Kindern zu oft Gott vorenthalten wird? Dann seid demütig: Setzt euch ein für Menschlichkeit und Engagement. Ladet ein in die Gemeinde, sprecht an, wie wichtig es für die Kinder und für uns ist, glaubend eine Sprache der Liebe und des Vertrauens zu finden, leistet Widerstand gegen Vorverurteilungen und Haß, schafft mit daran, dass Gräben in Kirche und Gesellschaft überwunden werden. Wir dürfen ganz einfach nicht mehr im Eckchen kauern und zaghaft flüstern „Ja – aber“. Für unsere Gemeinde und unsere Gesellschaft ist es wichtig, dass wir da sind – demütig und treu, und zugleich mutig und bereit, von Liebe und Friede Gottes zu zeugen.

Können wir überhaupt etwas erreichen? fragt ihr ein wenig skeptisch. Das kenne ich. Die Versuchung aufzustecken. Das ist für mich vielleicht am quälendsten. Wenn ich mit Jugendlichen Kontakt habe und sie mag und hoffe, dass wir Weggefährten werden, und dann verschwinden sie. Oder wenn ich werbe um Mitarbeit und Einsatz, um eine vertraute, fröhliche Gemeinschaft, und dann sehe ich, wie sich die, die da sind, aufopfern müssen. Oder ihr im Kindergottesdienst, die ihr treu da seid bei jedem Gottesdienst und dann darum bangen müsst, ob überhaupt Kinder da sind. Und – und – und. Das sind die Sorgen, die wir hergeben dürfen. Diese und manche persönliche Sorge, die uns blockieren will. Loslassen und frei werden von Leistungsdruck, aber auch frei zur Freude für das, was möglich ist. Hergeben, und dann nüchtern sein, frei von Illusionen. Treu sein, und dann Gott überlassen, was er aus dem machen will, was uns halt möglich ist. Seine Sache ist der Erfolg. Unsere Sache ist der Mut zum Dienen.

Und noch etwas ist uns zugesagt: Sein Segen. Er wird uns aufrichten. Er wird das Leid draußen in der Welt und in unseren Herzen überwinden. Er stellt unsere Füße auf festen Grund. Der letzte Vers des Textes ist eigentlich kein Segenswunsch – er stellt fest. Gott wird euch gründen und aufrichten. Mir fällt dabei ein, wie wir im Gottesdienst beten: Wir haben die Köpfe gesenkt, Zeichen dafür, dass wir uns unter Gottes Hand beugen. Aber wir stehen aufrecht. Damit zeigen wir, dass wir frei sind. Demütig, und zugleich stolz darauf, dass wir Gott seine Liebe wert sind, dass wir mitarbeiten dürfen an seinem Werk, dass er uns für so wichtig hält, dass er um unsere Mitarbeit wirbt. Wir dürfen uns im Gottesdienst, in seinem Dienst an uns, ausrüsten lassen mit Freude und Gemeinschaft, mit Zuversicht und Wegzehrung, und dann dankbar und froh und mutig zum Dienst, de-mütig, wieder in den Alltag zurückkehren. Die Mauselöcher draußen sind nicht für uns. Wir haben die Zusage, dass es sich lohnt, mit Menschlichkeit und Güte Widerstand zu leisten gegen alle Müdigkeit draußen und in uns, und wir haben das Vertrauen, dass Gottes mächtige Hand über uns ist – nicht um uns zu ducken, sondern um uns zu schützen und zu bergen. Das kann doch wirklich Mut machen – ist es nicht so? Amen.

20. Sonntag nach Trinitatis

Predigt über 1. Thess. 4, 1-8

Liebe Gemeinde!

Ich bin kein Heiliger, Herr Pfarrer. *So? Was ist denn ein Heiliger?* Naja, einer, der immer betet, der fromm ist, der nichts Böses tut, irgendwie gehört er schon mehr in den Himmel als auf die Erde. *Ach ja? Und Sie stehen mit beiden Beinen auf der Erde?* Ja schon, man muss ja schauen, dass man zu seinem Recht kommt, ich bin Geschäftsmann, da kann man mit Nächstenliebe und so nicht viel anfangen. *Sind Sie denn glücklich als knallharter Geschäftsmann?* Glücklich? Was ist schon Glück! Ich habe Erfolg. Ich kann mir ein tolles Auto leisten, ein schönes Haus, eine anspruchsvolle Frau – naja, ich gebe ja zu, mehr als ein Auto kann ich nicht gleichzeitig fahren, und mein Appartement auf den Bermudas habe ich schon seit zwei Jahren nicht mehr besucht. *Wenn Sie einen Wunsch frei hätten, was würden Sie sich denn wünschen?* Wünschen? Gute Freunde, Anerkennung, gebraucht werden – ach, ich weiß nicht. Irgendwie, meine ich, kann das doch nicht alles gewesen sein? So nach dem Prinzip: Schaff und erwirb, zahl Steuern und stirb. Was sagen Sie denn dazu, Herr Pfarrer?

Ja, was soll ich dazu sagen? Irgendwie scheint mir, wenn alles, was man im Leben erreicht, nur nach materiellem Wert gemessen wird, ist das Leben relativ leer. Oder, um es mit dem Begriff von Paulus zu sagen: Gier macht einsam. Nicht die Gier soll euer Leben bestimmen, sondern die Heiligung. Da ist wieder dieses Wort, mit dem ich mir schwer tue – ich und auch mein Gesprächspartner. Wie heiligt man sich? Heißt das, dass man weltfremd wird? Oder dass man alles, was Spaß macht, vermeidet? Ihr sollt immer vollkommener werden darin, Gott zu gefallen. Lieber Pls, wie gefalle ich denn Gott?

Auf diese Frage bekomme ich eine erstaunliche Antwort: Du gefällst Gott, wenn du dich menschlich benimmst. Zwei Beispiele nennt Pls: Wenn du eine geschlechtliche Beziehung hast, geht es nicht darum, dass du deine Bedürfnisse befriedigst. Sexualität zur eigenen Befriedigung macht einsam, und sie würdigt den Partner zum Objekt herab. Es geht also darum, dass du und deine Frau, dein Mann euch mit Respekt und Achtung, mit Liebe und Fürsorge begegnet. Es geht nicht einmal darum, dass du dem anderen Befriedigung veschaffst, sondern darum, dass eure Geschlechtlichkeit zu **einem** wichtigen Baustein wird, einem wesentlichen von vielen, die dazu dienen, dass eure Gemeinschaft euch beide reicher und reifer macht, und die es euch möglich macht, einander immer mehr zu vertrauen. Das heiligt eure Beziehung – denn dann spiegelt sich in eurer Partnerschaft die Liebe Gottes zu seinen Menschen.

Das zweite Beispiel betrifft den Handel. Saloniki war auch zur Zeit des Pls eine Handelsmetropole, ein Welthafen. Da wurde gehandelt und geschachert, vermittelt und verdient, betrogen und gelogen. Wenn ihr Gott gefallen wollt, sagt Pls, wenn ihr euer Leben heiligen wollt, dann benehmt euch anständig. Es kann ja sein, dass andere betrügen – aber sie verlieren mit ihrer Gier die Achtung der anderen und letzten Endes die Achtung vor sich selbst. Sie zerstören das, was Menschen miteinander verbindet und was gemeinsames Leben schön und bereichernd macht: die Vertrautheit, weil wir uns aufeinander verlassen können und einander zu leben helfen. Der Kaufmann muss verdienen. Aber er muss auch seine Gewinnspanne verantworten können. Er darf den anderen nicht zum Objekt der Ausbeutung herabwürdigen. Wenn er reich wird, darf er das – um seiner Selbstachtung willen – nicht um den Preis erreichen, dass er andere noch tiefer in ihre Armut hineindrückt.

Gott hat uns nicht berufen zur Gier, sondern zur Heiligung – die Beispiele des Pls vermitteln ein Verständnis von „Heiligung“, dass mich erstaunt. Wenn er seine Gemeinde in Thessalonich zur Heiligung auffordert, geht es ihm nicht darum, sie noch ein bisschen frommer und bigotter zu machen. Es geht ihm darum, dass sich die Christen in Thessalonich – und doch auch die hier – darum bemühen, anständig, ehrlich und aufrichtig zu sein. Es geht ihm darum, dass wir uns selbst achten können und dass wir einander mit Respekt und Anteilnahme begegnen. Es geht ihm darum, dass wir lernen, miteinander und nicht gegeneinander zu leben und zu glauben. Es geht ihm darum, Not, Kummer, Probleme der Geschwister wahrzunehmen und, wenn es uns möglich ist, dazu beizutragen, sie zu überwinden, statt dass wir sie ausnützen, um noch ein bisschen mehr Raum zu bekommen. Heiligen, sagt Pls dazu.

Und das meint: dem Heiligen, Gott und seinem guten Geist, im ganz stinknormalen alltäglichen Leben Einfluss zugestehen. Oder, um es ganz einfach zu sagen: Uns im Geschäft und im Sex, im Fußball und in der Politik, in der Familie und in der Gemeinde der Liebe verpflichtet wissen. Spannend finde ich, was für Pls der Gegensatz zu Heiligung ist: Gier. Gier motiviert dazu, dass ich im Mittelpunkt meines Tuns stehe und dass ich – egal was es kostet – möglichst gut wegkomme in den Beziehungen, im Geschäft und in den Machtstreitigkeiten in der Familie. Es geht um mich, nicht um uns.

Ich weiß nicht, ob ich ihnen Unrecht tue, aber mir fallen die Angestellten der HypoReal Estate ein, der pleitegegangenen Bank in Deutschland, die trotz ihres Scheiterns Millionen an Bonuszahlungen erhalten haben – in der gleichen Woche, in der das bekannt gegeben wurde, wurde der Hartz-IV-Satz um fünf Euro gesteigert. Kann es sein, dass die einen so reich sind, weil die anderen so arm sind? Kann es sein, dass die Schere zwischen Reichen und Armen darum so quälend weit auseinandergeht, weil es welche gibt, die nicht darum wissen, dass ihr Eigentum sozial verpflichtet? Kann es sein, dass unsere Welt mit all ihrer Ungerechtigkeit darum so düster und voller Not ist, weil da welche, Nationen und Menschen, ihren Hals nicht voll genug bekommen und sich deswegen allen Appellen zur Menschlichkeit verweigern? Ist es nicht obszön, wenn verhungernde Kinder zuschauen, wie Bankbosse mit ihrer Zwölfmeteryacht aus dem Hafen schippern?

Ach, ich will eigentlich nicht schimpfen, zumal keiner hier mit seiner Zwölfmeteryacht in die Kirche gekommen ist. Ich will für mich selbst festhalten: Menschen, deren Gier sie auf dem Herzen schwerhörig macht für Menschlichkeit, zeigen mir, wie ich vielleicht wirken kann, wenn ich mich einfangen lasse von Egoismus und Machthunger. Ich will wach bleiben dafür, mich zu heiligen – mein Verhalten, mein Denken und Fühlen und Tun offen halten dafür, dass Gott auch durch mich sein Werk tun kann in der Welt. Damit bin ich absolut nicht heilig – aber ich bin auf einem Weg, der vielleicht ein wenig Licht in das Dunkel der Welt bringt, und ich wünsche mir unterwegs Weggefährten – euch. Amen.

3. Advent

Predigt über Lukas 3, 1-14

Liebe Gemeinde!

Ihr Otterngezücht! Wer lässt sich schon gern so anreden? Würde ich im Stil von Johannes dem Täufer predigen, wäre die Kirche vermutlich bald leer. Johannes ist ein zorniger Prediger. Er hat auch allen Grund zum Zorn. Denn die Machthaber, die so sorgfältig aufgezählt werden, versagen bei allen wichtigen Fragen, die nicht mit ihren Machtgelüsten zu tun haben. Seid mir nicht böse, wenn ich an die gescheiterte Klimaschutzkonferenz denke und euch meinen Zorn gestehe und meine Enttäuschung.

Aber der Zorn des Johannes gilt nicht dem Kaiser und den Königen, sondern den kleinen Leuten, die zu ihm in die Wüste kommen. Er nimmt keine Rücksicht auf ihre religiösen Bedürfnisse – er konfrontiert sie mit ihrem eigenen Versagen. Das ist eigenartig. Denn was können sie schon tun? Vielleicht macht gerade diese resignierte Frage Johannes so zornig. Dass sich die Menschen nicht mehr zuständig fühlen für Menschlichkeit und Güte, für Glauben und den Einsatz für andere? Dass sie nach dem starken Mann, der starken Organisation rufen, statt selbst zu handeln? Dass sie es bei der Klage über ihre autoritäre Regierung belassen? Macht nur so weiter, sagt er. Dann werdet ihr schon erleben, wie es ist, wenn Gott seine Hand von euch abzieht. Er hat die Nase voll von euch. Er will euer Versagen nicht immer mit Geduld und Vergebung zudecken. Ihr werdet an den Früchten gemessen: an dem Frieden, den ihr fördert oder versäumt, an dem Mut, den andere fassen, wenn sie euch begegnen, oder der Leere, die sie erfüllt, weil ihr leer seid. Wenn ihr euch nicht dazu bequemt, euren Lebensstil und euren Glauben zu überdenken und zu korrigieren, werdet ihr abgehauen wie ein Baum, der keine Frucht bringt. Und dann könnt ihr euch auch nicht verstecken hinter der Zugehörigkeit zum Samen Abrahams, hinter dem Stolz, zu einem bestimmten Volk, zu einer bestimmten Gesellschaftsschicht oder einer bestimmten Kirche zu gehören. Gott kommt, und da kann es kein Zaudern und keine uninteressierte Freundlichkeit mehr geben. Wenn ihr vor ihm bestehen wollt, dann müsst ihr euer Leben überdenken.

So ungefähr ist seine Predigt zu übertragen. Nun muss ich sagen: Von Publikumsbeschimpfung und Kanzelholz halte ich nicht sehr viel. Vielleicht täusche ich mich, aber ich meine, dass jeder einzelne von uns den guten Willen hat, menschlich und anständig zu leben. Manchmal bleiben wir in unserer Bequemlichkeit stecken oder versinken in Gleichgültigkeit. Manchmal reden und handeln wir im Zorn auf eine Weise, die wir weder vor uns selbst noch vor Gott verantworten können. Und gegen das, was Regierungen und Industriekapitäne entscheiden und durchsetzen, so denken wir, können wir sowieso nichts ausrichten. Also tun wir nichts. Und daran, so meine ich, leide unsere Gesellschaft, unsere Kirche und unsere Gemeinde. An der Resignation angesichts von Fragen nach Gerechtigkeit und Mitweltverantwortung in der Welt, an der zunehmenden Sprachlosigkeit untereinander – geredet wird genug, aber gesagt wird immer weniger; nicht weil die Menschen so wenig zu sagen hätten, sondern weil wir uns zunehmend fremd werden.

Johannes redet vom kommenden Herrn; das hat für ihn die Konsequenz zu fordern, dass wir alles das abbauen, was seinem Kommen im Weg steht – das Prophetenwort aus Jesaja drückt das mit dem Bild von dem Großkönig aus, der auf seinem Prachtwagen durch die Wüste kommt und für den alle Steine weggeräumt und alle Unebenheiten beseitigt werden, damit er kommen kann. Er bezieht das auf uns, auf unser Leben: Der Herr kommt. Also überwindet, was zwischen euch steht, bringt in Ordnung, was stört, hört auf euer Gewissen, nicht auf eure Machtwünsche, und fangt neu an; kehrt um und macht euch bereit, den Herrn zu empfangen.

Wegen dieses Aufrufs des Johannes wird dieser Text in der Adventszeit gepredigt. Aber sein Ruf zu Umkehr und Neubeginn ist nicht nur in der Vorweihnachtszeit für uns bedeutsam – sicher ist es gut, wenn wir den Advent zum Bilanzieren und Neuanfangen nutzen. Aber deutlich ist auch, dass das keine zeitlich begrenzte Aufgabe ist, und nach Weihnachten können wir sie abhaken und zur Tagesordnung übergehen. Ein waches Gewissen, eine wachsende Bereitschaft, uns auf die Zukunft Gottes auszurichten, immer neue Hoffnung, die gegen Mutlosigkeit und Gleichgültigkeit angeht, und die Erkenntnis, dass uns keine Konferenz und keine Obrigkeit die Verantwortung für Menschlichkeit und Güte abnehmen kann, dazu müssen wir uns wohl immer wieder mahnen und auch überwinden.

Mich hat besonders angesprochen, wie Johannes auf die Fragen der betroffenen Zuhörer reagiert. Er regt keine großen Veränderungen an. Was er verlangt, ist ganz normal menschlich und gehört zu dem, was jedem naheliegt, der über sich und andere nachdenkt. Dass Zöllner und Soldaten ihre Macht nicht missbrauchen; dass Meschen in Not Hilfe von denen bekommen, denen es besser geht; dass ganz einfach Menschen miteinander und nicht gegeneinander leben. Das klingt fast banal. Aber ihr wisst so gut wie ich, dass es alles andere als banal ist. Üblich ist, dass wir in einem Verdrängungswettbewerb stehen. Üblich ist, dass sich der eine zu Lasten anderer profiliert. Üblich ist, dass wir auf den Geldbeuteln und den privaten Plänen sitzen wie die Henne auf dem Ei und uns die anderen nicht kümmern.

Ist die Rede vom Lastenausgleich und der Nächstenliebe der Christen nichts als frommes Geschwätz? Ist es nichts als ein schöner Traum, dass Not uns anrührt? Wer zwei Hemden hat, der gebe dem, der keines hat – wir leben davon, dass wir teilen und uns mitteilen. Wir leben nicht jeder für sich, sondern wir leben aufeinander zu – das gilt es, uns bewußt zu machen im ganz alltäglichen Leben. Wir wissen auch darum – wer trauert, braucht Zuwendung. Wer in Not ist, braucht Hilfe. Wer nach Orientierung sucht, braucht ehrliche Antworten. Wer sich verrannt hat und schuldig geworden ist, braucht Hilfe zur Umkehr, Nachsicht und unter Umständen Schutz vor den gehässigen Blicken anderer. Das sind keine hohen Forderungen, das ist Leben, wie es Christus vorgelebt hat und wie es ganz selbstverständlich erwartet wird, zu Recht erwartet wird von Gott. Er erwartet es nicht von Organisationen oder Regierungen, sondern von dir und mir und uns. Der kommende Herr baut mit uns, unter uns und durch uns sein Reich schon mitten in der dunklen Welt. Das ist ein Geschenk, keine Forderung. Dass wir versuchen, mitzubauen und dabei zu sein, ist das Natürlichste der Welt – als geliebte Menschen können und dürfen – und sollen – wir Liebe verwirklichen, schenken und annehmen. Konkret, und willig. Amen.

Weihnachten

Predigt über 2. Samuel 7, 4-6.12-14a

Liebe Gemeinde!

Auf den ersten Blick hat diese Geschichte aus der Frühzeit der Könige von Israel nichts mit dem Weihnachtsfest zu tun. Es wird nichts erzählt von den drei Königen und den Hirten auf dem Feld, nichts von Maria und Josef und dem Kind in der Krippe. Nur die Zusage Gottes an David, sich an ihn und seine Nachkommen binden zu wollen, über die Zeiten hin bis zu Jesus, bildet eine Brücke. Ich will Sie einladen, mit mir im Nachdenken über diese Geschichte zu entdecken, was Weihnachten für uns bedeuten kann.

Zunächst: Wie kam es zu dem Wort des Nathan an David? Wir werden in eine Zeit geführt, in der ein Volk von Nomaden begann, sesshaft zu werden. David hatte eine Stadt gewonnen, Jerusalem, und sie sollte seine Hauptstadt werden – mit einem Palast für ihn und Häuser für die Menschen seines Volkes, mit einem Markt und mit einer Mauer ringsum. Aber etwas bedrückt den König: Er lässt sich einen prächtigen Palast bauen, aber sein Gott, der so treu mit ihnen war in der Zeit der

Wüste und der Eroberung des Landes, bleibt angewiesen auf ein Zelt. David will auch seinem Gott ein Haus bauen. Gott soll wissen, dass er in seinem Volk daheim ist. Gegen diesen Plan erhebt Gott durch Nathan Einspruch: Du kannst mich, Gott, nicht an einem Ort festmachen. Ich bin frei dazu, zu kommen und zu gehen, zu hören oder wegzuhören, zu segnen oder dich und dein Volk sich selbst zu überlassen. Es ist nicht deine Sache, sondern meine, ob ich mich an dich und dein Volk binden will. Ich will mir diese Freiheit nicht nehmen lassen. Aber eines sollst du wissen: Ich will zuverlässig und verlässlich zu dir und deinen Nachkommen stehen. Darum wird dein Sohn einen Tempel bauen, auf mein Geheiß hin. Er soll der Ort sein, an dem ihr euch immer wieder daran erinnern könnt, dass ihr mir wichtig seid. Dir aber will ich Ruhe geben vor deinen Feinden.

So ungefähr spricht Gott durch Nathan zu David. Das besondere daran ist tatsächlich, dass er sich aus freien Stücken bindet – an David und sein Volk, an ihre Nachkommen, an die Menschen. Und diese Bindung Gottes ermutigt sein Volk, auch in Krisenzeiten zu vertrauen – Gott ist zuverlässig, wir werden niemals wirklich verlassen sein, er hat uns immer wieder Wege gezeigt, die wir gehen konnten, und hat sogar dann treu zu uns gestanden, wenn wir ihn vergessen hatten.

Diese Verlässlichkeit Gottes in aller Freiheit zeigt sich dann auch bei der Geburt Jesu. Musste es denn ausgerechnet ein Stall sein, in dem der Herr der Welt Mensch wird? Musste das Kind in der Krippe tatsächlich den unteren Weg gehen, ausgesetzt den Machtinteressen der Mächtigen, mit seiner Mission am Kreuz scheitern, weil ihm die Liebe und das Vertrauen der kleinen Menschen wichtiger war als die Anerkennung durch die Machthaber? Andererseits: Woher sonst könnten wir das Vertrauen nehmen, dass es keine Sackgassen gibt für Gott, dass er sich uns bedingungslos zuwendet, dass er uns bittet zu vertrauen darauf, dass seine Liebe und Fürsorge uns umhüllt und er uns über alle Grenzen des Lebens hinaus Wege weist, die wir gehen können? Er bindet sich an das Kind, weil er nicht ohne und nicht gegen sein Volk und nicht ohne und nicht gegen die Menschen auf der ganzen Welt handeln will. Er will vorleben, was Vertrauen und Liebe bewirken können. Das soll uns Mut machen dazu, auf die Panzerung unserer Herzen zu verzichten und uns für ihn und für andere Menschen zu öffnen. Wenn wir an der Krippe stehen, dürfen wir begreifen, dass wir unsere Freiheit nicht aufgeben, sondern überhaupt erst gewinnen, wenn wir uns an die Liebe binden.

Denn Gott bindet sich – an sein Volk, an die Dynastie des David, an das Kind in Bethlehem, an die Menschen. Viele Menschen heute wissen nicht, woher sie Orientierung für ihr Leben gewinnen sollen. Viele schwanken zwischen den unterschiedlichsten Angeboten von Lebensstilen. Viele wagen nicht mehr, sich zu binden. Wir beklagen, dass unsere Zeit so unverbindlich ist, aber zugleich tun wir uns schwer, uns selbst zu binden, weil wir fürchten, wir würden die Freiheit des Lebens verlieren und ausgenutzt und betrogen werden. An Weihnachten denken wir daran, wie sich Gott im Lauf der Geschichte seines Volkes immer stärker an die Menschheit gebunden hat, bis er in Jesus ganz und gar eingebunden war in unser Leben. Das hat er getan, um uns Mut zu machen, mit Glauben und Liebe dem Licht des Lebens Raum zu schaffen in der verzweifelten Finsternis der Welt. Er lädt uns ein, gegen die Unverbindlichkeit anzuvertrauen, den Mächten Widerstand zu leisten, die die Menschen immer mehr vereinsamen und isolieren wollen, konkret daran zu wirken, dass die Menschen, unter denen wir leben, Vertrauen fassen, weil sie sehen, dass wir vertrauen auf seine Zuverlässigkeit.

Er schenkt uns eine Vision. Die Vision, dass es Menschen wagen, ohne Furcht und ohne Zögern offen zu sein. Die Vision, dass es möglich ist, denen, denen es schlecht geht, Geborgenheit und Achtung zu schenken in unserer Zuwendung und so Trost und neuen Lebensmut zu vermitteln. Die Vision, dass immer mehr Menschen sich mit der Not der Welt und der Not in unserer Stadt nicht abfinden, dass wir tun, was wir können, um Vertrauen, Gerechtigkeit und Menschlichkeit wirklich werden zu lassen. Die Vision, dass die Hungernden in Bolivien und überall in der Welt beginnen, gegen ihr Leid anzugehen, neue Wege wagen, sich helfen lassen und beginnen, sich selbst zu helfen, weil sie erfahren, dass sie gesehen und geachtet werden und begleitet – auch von uns. Die Vision, dass es Wege zum Frieden gibt, in der Welt und in den Familien, und darum unsere entschiedene Forderung, alles zu tun, damit Konflikte nicht gewaltsam gelöst werden und damit nicht so schrecklich viele Menschen unter dem Existenzminimum leben müssen, weil es uns gut geht.

Eine Vision ist mehr als ein Traum. Es ist ein Bild einer möglichen Zukunft, das unser Handeln und Leben beeinflusst und ihm seine Richtung zeigt. Gott traut uns zu, dass wir uns in die konkrete Verantwortung für die Menschen am Rand einbinden lassen. Er hat sich selbst eingebunden in die Geschichte der Welt – so sehr, dass er selbst in Jesus zu einem der Menschen am Rande wurde. Und schließlich hat er damals einen Tempel bauen lassen, in dem die Menschen von Israel auch dann etwas von seiner Gegenwart erahnen durften, wenn sie meinten, er sei ganz weit weg von ihnen. Amen.

4. Sonntag nach Epiphanias

Predigt über Epheser 1, 15-20a

Text in Predigt

Liebe Gemeinde!

In der Zeit meines Konfirmandenunterrichts hatten wir in unsere Familie einen DDR- Flüchtling aufgenommen. Er hatte viele Begabungen; unter anderem konnte er aus unglaublich wenig Hackfleisch und Mengen alter Brötchen ganze Berge von Frikadellen backen - Fleischfanzl auf Bayrisch. Und so nannten wir unseren Gast "Fanzl-Franzl". Er war geflohen, nachdem er aus dem Zuchthaus Bautzen entlassen worden war; dort hatte er vier Jahre Haft abgesessen, weil er in seinem Friseurgeschäft einen politischen Witz erzählt hatte. Als er nach seiner Entlassung sah, dass der KPD-Funktionär sein Geschäft und seine Frau übernommen hatte, ist er "abgehauen" - ohne alle persönlichen Unterlagen. Um ihm zu helfen, gingen meine Mutter und ich zu dem Pfarrer, bei dem ich Konfirmandenunterricht hatte, um ihn zu bitten, von dem Pfarrer der Heimatgemeinde von Fanzl-Franzl eine Taufbestätigung zu besorgen. Ich werde nie vergessen, wie sich mein Konfirmator wand und wehrte - sicher, weil er seinen DDR-Kollegen nicht in Mißkredit bringen wollte, vielleicht auch, um nicht als Fluchthelfer in die Stasi-Unterlagen zu kommen. Aber er predigte leidenschaftlich und mit großem Pathos von der Liebe Gottes - ich fand sein Verhalten unglaubwürdig. Nach meiner Konfirmation wollte ich vor allem deshalb von Kirche nichts mehr wissen.

Dass ich trotzdem Theologie studiert habe und Pfarrer geworden bin, hängt damit zusammen, dass das Vertrauen in Gottes Beistand mich durch eine schwere Krise geführt hat. Ich musste erst lernen, dass Kirche und Glaube zwei Dinge sind. Glaube kann nicht ohne die Gemeinschaft wachsen, aber Gemeinschaft, auch die der Kirche, leidet oft genug unter unterschwelligen Machtkämpfen, unter der Unglaubwürdigkeit von Mitgliedern, nicht zuletzt von Hauptamtlichen, und es ist Aufgabe der glaubenden Menschen, sich dafür einzusetzen und dafür zu sorgen, dass Kirche den Erwartungen des Evangeliums immer näher kommt - angefangen in der Gemeinde, über den ökumenischen Dialog in der Stadt bis zu denen, die verantwortlich sind für die Leitung der Gesamtkirche. Das bleibt dauernde Aufgabe der Christen in der Geschichte - ihre Kirche von innen her zu reformieren, immer wieder. Mit dieser Erkenntnis konnte ich Theologie studieren - und zwischendurch auch erfahren, dass manche Christen an mir scheiterten, so wie ich an dem Pfarrer, der mich - vor vielen Jahren - konfirmierte. Mit diesen Gedanken habe ich mich mit den Versen aus dem Eph.1 auseinandergesetzt. Sie lauten: *...folgt Text*

War die Gemeinde in Ephesus begeisterter, offener, gläubiger als die unsere? Stand damals die Glaubwürdigkeit der Christen nicht in Frage? Oder kommt es auf die erleuchteten Augen des Herzens an, die uns sehen und erkennen lassen, wie der gute Geist Gottes auch in unserer Gemeinschaft wirkt und drängt? Vielleicht bleiben wir tatsächlich an den Unzulänglichkeiten hängen, an unseren eigenen und an denen unserer Kirchenleitung, und erkennen gar nicht, dass Gott auch durch sie in der Welt handelt? Ich erlebe staunend die Kraft Gottes, wenn sich Sterbende trösten lassen und getrost den Schritt über die Schwelle gehen. Ich bin bewegt davon, dass Trauernde Vertrauen fassen in ihrer Trauer, obwohl ich doch spüre, wie sprachlos ich oft genug angesichts ihres Leidens bin. Mich berührt es, wenn Menschen, die sich in Schuld, Drogen, Gemeinheit verstrickt hatten, nicht aufgeben,sondern das Ja ernst nehmen, das ihnen in ihrer Taufe zugesagt wurde, und einen neuen Weg zu gehen versuchen. Ich bin begeistert zu erleben, dass sich zwischen Menschen, die durch nichts als dem gemeinsamen Glauben verbunden sind, eine tragfähige Gemeinschaft bildet - dass sie einander zu Geschwistern werden. Mir begegnen Menschen, die ernsthaft und ehrlich nach Gott suchen und die bereit sind, sich auf seine Liebe einzulassen. Ich habe unter den Christen welche gefunden, die geduldig und entschieden für Menschen in Not eintreten, und welche, mit denen ich lachen und beten und streiten kann. Alles das gehört - neben mancher Unglaubwürdigkeit - auch zu dem Bild von Kirche.

Ich werde wohl immer neu lernen müssen und dürfen, mit den erleuchteten Augen des Herzens hinter all der Unzulänglichkeit, die mir bei mir und in Kirche und Gemeinde begegnen, die Kraft zu erkennen, mit der Gott mitten unter uns, in uns wirkt und handelt. Dafür können wir nur danken. Es wird sicher immer wieder welche geben, die gegen das Christentum polemisieren, weil sie verletzt und zornig sind. Aber ich lerne, darauf zu vertrauen, dass der gute Geist Gottes uns bewegt und dazu drängt, immer noch ein wenig glaubwürdiger zu werden . Es tut gut, das so zu sehen - wir sind nicht allein unterwegs.

Das soll nicht heißen, dass wir unsere Träume aufgeben. Nach wie vor meine ich, dass wir den Auftrag haben, beispielhaft Menschlichkeit und tragende Gemeinschaft miteinander zu leben. Nach wie vor sehe ich die Gemeinde als eine Gemeinschaft, die das Evangelium vorlebt. Es ist unsere Sache, in unserer kalten Gesellschaft Wärme und soziale Verantwortung zu leben und einzufordern. Man kann nicht von einem gefüllten Konto und einem gefüllten Kühlschrank leben und auch nicht von wissenschaftlichen Erkenntnissen. Und wenn wir unseren Kindern Gott vorenthalten, können sie durchaus an iPod und Laptop zerbrechen.

Ich träume davon, dass wir, in der Gemeinde und in der Kirche, ehrlich und gesprächsbereit auftreten und Wege suchen, wie es weitergehen kann in La Paz. Aber ob wir glaubwürdiger werden, ob wir gehört und verstanden werden, ob sich die, die draußen stehen, auf das Gespräch mit uns und mit Gott einlassen, ist nicht unsere Sache. Es ist Gottes überschwängliche Kraft, um die wir nur beten können, für uns und für die, mit denen wir leben. Ich vertraue darauf, dass er unser Gebet hört und unser Leben nimmt, um sein Werk in der Welt zu tun. Denn sein Geist, um den wir bitten, schafft Leben - er hat Jesus aus dem Tod geholt, er wird unser Leben vollenden in seinem Reich, er wird uns nicht im Stich lassen. Die erleuchteten Augen des Herzens sagen uns: Wir haben einen, der uns liebt. Er wird uns segnen und uns zum Segen werden lassen. Amen.

Letzter Sonntag nach Epiphanias

Predigt über 2. Mose 3, 1-14

Liebe Gemeinde!

Ich habe mir sagen lassen, dass die Erscheinung eines brennenden Dornbusches nichts allzu Ungewöhnliches sei - anscheinend gibt es in der Wüste Sträucher, die sehr harzreich sind und die dann unter der Mittagssonne ätherische Öle ausdünsten, die sich zu Flämmchen entzünden können. Davon wird Mose sicher gehört haben, als Schwiegersohn eines Nomadenhäuptlings, auch wenn er es selbst noch nicht gesehen hat - Flüchtling aus Ägypten in einer absolut fremden Umgebung. Und er ist neugierig. Er steht vor einer Erscheinung, die ungewöhnlich ist, aber nicht unnormal. Dass darin eine Offenbarung Gottes auf ihn wartet, das konnte er nicht wissen. Das mußte ihm Gott schon selbst sagen. "Ziehe deine Schuhe aus - der Boden, auf den du trittst, ist heiliges Land."

Für Mose musste das Ereignis transparent werden, die Wahrheit Gottes hinter der Wahrheit der Welt spürbar werden. Ich bin davon überzeugt, dass jeder von uns im Lauf seines Lebens immer wieder einmal angerührt, angesprochen wird von Gott, dass er ahnt, wie etwas aus dem Rahmen des Gewöhnlichen fällt, dass er einfach nicht weiß, dass Gott ihn anrührt, und dann gewissermaßen zurück in die Routine des Überlebens fällt. Vielleicht müssen wir uns ganz einfach darauf hinweisen, wo uns Gott begegnet, und vielleicht brauchen wir Augen der Liebe, um hinter dem, was uns bewegt, Gott zu ahnen - und anzunehmen, dass Leben und Begegnung geheiligt sind durch seine Gegenwart.

Ich will Beispiele nennen dafür, wo uns Gott anrührt - nichts Unnormales und doch transparent für die Liebe, die uns trägt: Ich bin traurig und mutlos. Und ein anderer kommt, sieht meine Trauer, teilt sie, ist da und tröstet, allein dadurch, dass er da ist und mich sieht. Oder: Ich schaue über den See auf die Kordilleren, und die Stille wird von dem Ruf eines Vogels nicht gestört, sondern gleichsam unterstrichen. Die Landschaft scheint zu atmen, und ich bin bewegt und voller Andacht. Oder: Mir begegnet die Liebe. Ich muss uns Erwachsenen vielleicht in Erinnerung rufen, wie das war: Die Beklommenheit bei der Begegnung. Das Staunen, dass ich dem anderen so viel wert bin. Das Gefühl, singen und jubeln und lachen zu können. Das Wissen um die Heimat im Herzen des anderen. Und bei alldem das ganz sichere Wissen, dass meine Liebe nicht nur daher kommt, dass sich Säfte in meinem und ihrem Körper regen und ein wenig köcheln, sondern vor allem daher, dass unsere Gemeinschaft etwas Ewiges, Großes widerspiegelt. Manchmal geht so eine Begegnung auch wieder auseinander, das tut weh. Aber wisst ihr noch, wie ihr sie wachsen saht, mit dem Schauder vor dem Wunder? Ihr könnt einwenden: Keiner kann garantieren, dass Gott sich in diesen außergewöhnlichen, normalen Begegnungen offenbart. Und ihr habt recht.

Aber wenn Menschen - heute und früher - davon erfüllt waren, dass Gott sie anrührt und anspricht, dann haben sie sich auch nur auf normale Erlebnisse berufen, die für sie transparent wurden - sie begegneten Gott, weil ihnen ein normales Ereignis durchsichtig wurde, sie ahnten dahinter den Schöpfer und - zogen, gleichsam innerlich, die Schuhe aus. Wenn ihr wirklich Gott sucht, dann sucht ihn nicht in irgendwelchen Philosophien und Lehren oder über den Sternen, dann lasst euch ansprechen von dem, was euch jeden Tag begegnet, und antwortet, dankt und freut euch, dass ihr angesprochen werdet.

Gott spricht ja auch Mose an. Er gibt sich zu erkennen: Ich bin der, der den Vätern begegnet ist. Gott hat eine Geschichte mit den Menschen. Und wenn wir unsere religiöse Sehnsucht erleben, dann knüpfen wir an Erfahrungen an, die andere vor uns gemacht haben, und das ist gut. Das muss vielleicht einmal gesagt werden: Christsein und Kirche gelten heute nicht mehr viel. Wir kochen uns unsere eigene Religion: ein Liter Jin und Jang, eine Prise Wiedergeburt, ein Eßlöffel Meditation, ein wenig Okkultismus, und das ganze gekocht auf der Flamme der Selbsterfahrung, das reicht.

Vielleicht reicht es auch, dem einzelnen. Mich bewegt aber, dass Gott sich zu **seiner** Geschichte mit den Menschen bekennt. Mose und seine Zeitgenossen, die Jünger auf dem Berg der Verklärung, Mutter Theresa mit ihrem Staunen über Pater Damian, dem Apostel der Leprakranken, ihr und ich und viele andere hören und nehmen an, wenn Gott sagt: Meine Geschichte beginnt nicht mit dir. Meine Geschichte mit den Menschen hat immer wieder welche aufgerüttelt. Du kannst anknüpfen - nicht an den Lehren, sondern den Erfahrungen derer, die vor dir waren. Nicht um Kirche zu konservieren. Sondern weil du weiter kommst, wenn du lernst zu verstehen, deine Augen für mein Wirken zu öffnen, dankbar zu sein und darüber deine eigenen Erfahrungen einzuordnen in das Netz von Erfahrungen und Betroffenheiten unzähliger Menschen vor dir und um dich her.

Mose erhält einen Auftrag: Geh hin zum Pharao und befreie meine Menschen. Ich habe ihr Leid gesehen und mich erbarmt. Wie seltsam, dass ausgerechnet der Mörder Mose, der vor den Folgen seiner Tat fliehen musste, diesen Auftrag bekommt! Genau das, nämlich sein Volk befreien, hatte er ja gewollt und ist kläglich und schuldbeladen gescheitert. Und die Israeliten hatten geschrien wie mancher von uns in seinem Leid: Siehst du denn nicht, Gott? Gott sieht, durchaus. Gott leidet mit, in Pakistan und auf dem Altiplano und in La Paz. Gott hilft auch - manchmal erst nach Bergen von Leid und Flüssen von Tränen, manchmal dadurch, dass er einen, der schuldbeladen in die Wüste geflohen ist, ermutigt und beauftragt, Frieden und Erlösung zu verkündigen. Wenn er eingreift und hilft, dann zu seiner Zeit und auf seine Weise. Vielleicht müssen wir - wie damals Mose - erleben, dass unsere Bemühungen um Frieden nichts bringen. Vielleicht müssen wir endlich erkennen, dass wir uns zutiefst schämen müssen, weil unser Reichtum zu Lasten von Frauen und Kindern gesteigert wird. Vielleicht hilft er erst dann. Aber er sieht die Not, er ist bereit zu helfen, und wenn wir umkehren, uns besinnen, dann bereiten wir ihm den Weg. Nur dann.

Mose will ein Zeichen. Das Zeichen, das er bekommt, ist seltsam: Hier am Horeb werdet ihr opfern. Und wenn er geht und tut, was Gott ihm aufträgt, hat er keine Sicherheit. Er hat nur eines: Vertrauen, wenn er tut, was Gott erwartet. Und Hoffnung: Dass er sehen wird, was ihm verheißen wurde. Mehr schenkt uns Gott auch nicht, wenn er uns anrührt und auf den Weg schickt. Jenseits allen Leids, wenn wir den Weg zu einem gesegneten Leben und einem gesegneten Zusammenleben gefunden haben, werden wir sehen. Jetzt bleibt uns nur die Hoffnung - begründete Hoffnung, weil uns die Gegenwart durchsichtig wird für den Herrn, der dahinter steht und mitleidet. Jetzt bleibe uns nur das Vertrauen - Vertrauen, so dass wir Leid durchstehen können und Trost schenken denen, die trauern, weil Gott mitleidet. Das ist viel - und wir werden sehen, wo wir nur gehofft haben, das ist mehr. Amen.

Septuagesimae

Predigt über Lk. 17, 7-10

Liebe Gemeinde!

Dieses Gleichnis gehört in eine ganz andere Gesellschaft, eine Gesellschaft, in der Herren selbstverständlich befahlen und Knechte selbstverständlich widerspruchslos gehorchten. Eine Gesellschaft, in der der Sklave kein Lob zu erwarten hatte, in der seine Pflichterfüllung normal war. Arbeitgeber und Arbeitnehmer haben heute normalerweise ein anderes Verhältnis - nicht mehr als "Herr" und "Knecht", sondern von Tarifverträgen und Betriebsräten geprägt, und ein geschickter, menschlicher Vorgesetzter weiß, dass er mit Lob und Anerkennung seine Arbeiter motivieren kann zu guter Arbeit. Absoluter Gehorsam, wie ihn Jesus schildert, mag vielleicht noch in der Armee existieren.

Das heißt noch lange nicht, dass die Haltung von Herr und Knecht überwunden ist. Manche Hausfrau klagt darüber, dass ihre Arbeit nicht anerkannt wird, dass sie schuften und spülen und kochen und putzen muss, und jeden Tag die gleiche Leier, keiner merkt es, keiner sagt Danke, keiner packt mit an, es ist so selbstverständlich, was sie tut, das ist einfach verletzend. Oder auch: Manche Eltern verlangen absoluten Gehorsam, sie sind nicht daran interessiert, dass die Kinder verstehen: sie wollen, dass fraglos gehorcht wird. Oder: Manche Kinder halten es für völlig normal, dass sie ein eigenes Zimmer mit TV und Computer haben, Taschengeld kriegen, nur mit Markenklamotten in die Schule gehen, dass die Eltern ihren Lebensstil finanzieren. Vielleicht öffnen uns solche Erfahrungen den Zugang zu dem Gleichnis: Du gehst selbstverständlich davon aus, dass die Hausfrau ihren Haushalt pflegt, dass die Kinder gehorchen - oder die Eltern -; ob das unter Menschen gut ist, ist eine andere Frage, aber genauso selbstverständlich erwartet Gott, dass du fraglos, ohne auf Lohn oder besondere Gnade zu warten, deinen Glauben verwirklichst, dass du in Beruf und Schule, in Familie und Freundeskreis da bist als glaubender Mensch und hilfst und anderen dienst, um der Liebe willen, die dir Gott schenkt.

Lasst uns einmal andenken, worauf eine gute menschliche Beziehung basiert. Wenn ich einen anderen lieb habe, dann habe ich ihm gegenüber ja keine Ansprüche, so nach dem Prinzip: Ich habe dich lieb, deswegen musst du mir die Schuhe putzen. Meine Liebe verpflichtet nur einen: mich selbst. Sie verpflichtet mich dazu, auf den anderen zuzuleben, ihm zu helfen, dass er mit seinem Leben zurechtkommt, da zu sein, wenn er mich braucht, und ihn sicher zu machen, dass er wichtig ist und liebenswert. Ich werde zu vergeben haben, wortlos zuweilen, und bereit sein, mich auf den Weg zu machen, wenn sich zwischen uns Entfremdung und Distanz ergeben haben. Dass der andere sich findet und verwirklichen kann, liegt mir am Herzen. Manchmal geschieht das Wunder, dass meine Liebe beantwortet wird, und dann wird er mir dienen so wie ich ihm, als Freund oder Partner, und ich werde seine Offenheit und seine Freundschaft annehmen wie ein kostbares Geschenk. Wenn meine Liebe nicht beantwortet wird, muss ich mich vielleicht zurückziehen - aber Liebe, die mir entgegengebracht wird, ist Geschenk, nicht Verpflichtung. Zurückweisungen können weh tun. Ich werde manchmal überhaupt nicht gefragt sein. Trotzdem werde ich da sein. Nur eine Grenze gibt es: Wenn mich der andere anders haben will, als ich bin. Die Treue zu mir selbst und zu meinem Gott ist Grundlage für meine Liebe.

Die Liebe einer Mutter zu ihren Kindern ist ein Beispiel für diese dienende Liebe - sie hilft ihnen aufwachsen, sie stellt eigene Interessen zurück, sie sorgt um sie, sie erlebt tiefes Glück, wenn aus den Kindern wertvolle Menschen werden, und tiefes Leid, wenn die Kinder versagen, ausflippen, ausfällig werden, sie wird gelegentlich tief verletzt werden und doch vergeben - ihre Liebe bleibt lebendig und zum Dienen bereit. Sie rechnet nicht mit einem Dank. Wenn er kommt, ist es ein Geschenk für sie.

Diese dienende Liebe erwartet Jesus von uns. Nicht mit dem Ziel, die Seligkeit zu erwerben - wir sind schon belohnt. Wo immer wir sind, in Beruf oder Gemeinde, in Politik oder Familie, unsere Aufgabe ist es, dazusein mit fröhlichem Herzen. Wir haben Grund dazu, fröhlich zu sein. Leben wir nicht aus der Gewissheit, angenommen und geliebt zu sein, um unseretwillen, können wir im Vertrauen auf diese Liebe, die uns gilt, nicht auch dann wieder aufrecht weitergehen, wenn wir gescheitert und schuldig geworden sind, können wir nicht um der Liebe Gottes willen über Leben und Tod hinaus vertrauen? Wir sind von Jesus befreite Menschen, wir setzen Vertrauen gegen Angst und Hoffnung gegen die Trauer. Wir können darauf verzichten, uns zu Lasten anderer zu verwirklichen. Wir sind befreit - auch damit wir für andere leben können. Damit wir tun und sagen können, was recht ist, ohne nachzufragen, ob das modern ist oder Chancen auf Erfolg hat. Damit wir vergeben können, wenn wir verletzt wurden, auch wenn das keiner wahrnimmt. Damit wir anderen weiterhelfen können mit unserer Kraft und unserer Fürsorge, auch wenn sie uns auszunützen scheinen. Vielleicht werden wir frei genug, um Anerkennung zu schenken, statt sie zu erwarten, um zuzuhören, statt zu reden, um zu helfen, statt zu klagen. Wir dienen, und wir sind stolz darauf, dienen zu dürfen - stolz, dass uns Gott brauchen will.

Klingt das fordernd? Ich meine: letztlich profitieren wir selbst davon, wenn wir anderen zum Segen werden. Ich will ein Beispiel erzählen: Eine Gemeinde lebt davon, dass sich Menschen ehrenamtlich einsetzen: Gemeindebriefe heften und austragen, Jugendgruppen leiten, Besuche machen, Kirche schmücken, Gemeindefest mitorganisieren und vieles mehr. Die Mitarbeiter schaffen anderen Heimat in der Gemeinde und finden sie selbst, ohne sie gesucht zu haben. Ich war selbst Jugendleiter. Mein Einsatz für meine Gruppe hat mich reich gemacht. Meine Persönlichkeit wurde geprägt und hat sich entfaltet. Ich habe Liebe geschenkt und überreich wiederbekommen. Ich habe stolz erlebt, wie gut es tut, dass andere mir vertrauen, hatte Spaß und Befriedigung. Das war nicht der Grund für meinen Einsatz. Aber es gehörte dazu.. Und es hat mir in einer schweren Krise durchzuhalten geholfen.

Viele teilen die Erfahrung, dass sie sich engagieren und dadurch selbst bereichert werden. Aber auch wenn sie nichts davon zu haben scheinen - zu unserem Glauben gehört der Einsatz für Liebe und Menschlichkeit, für Friede und Achtung, egal ob wir davon profitieren oder nicht. Das heißt doch: Dienen. Da sein, wo wir gebraucht werden. Da sein, nicht um etwas zu bekommen, sondern weil Gott zu uns Ja gesagt hat, bevor wir auch nur Piep sagen konnten. Wir sind nicht Sklaven Gottes. Aber Mitarbeiter, die selbstverständlich tun und verwirklichen, was ihm auf dem Herzen liegt. Das macht uns frei von anderen Ansprüchen, frei zu einem Leben, das in ihm wurzelt. Luther schreibt in der "Freiheit eines Christenmenschen": "Ein Christenmensch ist ein freier Mensch und niemandem untertan. Ein Christenmensch ist ein dienstbarer Knecht und jederman untertan." Dieser Widerspruch macht frei. Von ihm redet Jesus. Er gilt für uns. Amen.

Sexagesimae

Predigt über Mk. 4, 26-29

Liebe Gemeinde!

Einen meiner Jungen habe ich einmal dabei beobachtet, dass er an den Pflänzchen in seinem Beet zupfte, weil sie ihm nicht schnell genug wuchsen. Wer einen Garten hat, der weiß, wie oft wir hinausgehen, um nachzuschauen, wie die Pflanzen stehen, der weiß auch, dass es manchmal nötig ist zu hacken und zu bewässern. Und Unkraut - oder was wir so nennen -, kennt Jesus in anderen Gleichnissen auch. Aber ihm kommt es hier auf etwas ganz Bestimmtes an: Dass nämlich die Ernte zweierlei voraussetzt - dass einer sät, und dass er Geduld hat. Mehr nicht. Er spricht dabei vom Reich Gottes, von Gottes Zukunft mit seinen Menschen.

Wo Menschen gemeinsam glaubend ihr Leben führen, wo sie miteinander danach suchen, was Gottes Willen entspricht, und danach handeln und sich davon bestimmen lassen, wo sie Sorgen und Trauer miteinander tragen und Vertrauen fassen, dass sie auch in schweren Zeiten geborgen und getragen sind, da reift Gottes Reich heran. Da wächst in der Welt eine Ahnung von Frieden und Menschlichkeit, da hat die Liebe wieder eine Chance, da wird Einsamkeit aufgebrochen, da erheben Menschen ihre Stimme, um für ein gerechtes, gutes Zusammenleben einzutreten, da wagen sie darauf zu vertrauen, dass ihr Leben seinen Sinn findet in der Liebe, mit der uns in Christus Gott selbst sucht.

Und es geschieht ja immer wieder: Kranke werden besucht und finden Trost, weil sie wahrgenommen werden. Menschen finden in der Fremde ein Stück Heimat. Ganze Völker finden sich mit Gewalt und Diktatur nicht mehr einfach ab. Schaut nur genau hin: überall, in eurem Leben und in der Welt, wächst die Spur von Gottes Reich, überall ist in unserer zerrissenen Welt die Kraft Gottes spürbar, der dem Dunklen Widerstand leistet und Hoffnung aufweckt in euch und mir. Freilich, dass es Geduld braucht, wenn wir auf ihn hoffen, das weiß ich und spüre es sehr schmerzhaft. Ich bin oft in Versuchtung aufzugeben, wenn ich mir anschaue, wie dumm und ungerecht, wie selbstherrlich und gleichgültig Staaten und Kirchen und Menschen sind - und wie hohl und leer, voller Aggression und Bosheit die Ablehnung, wo welche es wagen, sich einzusetzen. Jesus sagt - und ich höre es und beziehe es auf mich -: Hab Geduld! Es reicht, wenn du säst. Wachsen und zur Ernte reifen tut der Same von selbst, darum musst du dich nicht kümmern.

Wie war es bei mir und euch? Irgendwann habe ich welche getroffen, die geglaubt haben. Ihr Glaube hat mich angesprochen. Ich habe mich zunächst ohne großes Überlegen ansprechen lassen. Ich habe auch andere kennengelernt, Christen mit großen Worten, Jubelchristen. Die haben mich sehr gestört. Aber es gab welche, die ehrlich gerungen haben um glaubwürdiges Leben. Dann kamen Zeiten, in denen mein Leben nicht so rund lief. Mein Glaube, noch ein kleines Pflänzchen, wurde lebendiger. Ich lernte, gegen Leid und Verzweiflung anzubeten. Mir wurde deutlich, dass ich mich fallen lassen musste in meiner Not und Hilflosigkeit, wenn Gott mich tragen sollte. Mit anderen zusammen habe ich eintreten dürfen für eine Gemeinschaft, in der Liebe und Freundschaft, Achtung vor anderen und Friede Grundlage war. Irgendwann habe ich mit Staunen gemerkt, dass unser zaghaftes Eintreten für andere ihnen half, dass es Früchte trug. So wuchs auch wieder mein Vertrauen.

War das bei euch anders? Ihr habt gehört, ihr habt zu vertrauen gewagt, ihr habt Erfahrungen mit Gott gemacht und seid sicherer und zuversichtlicher geworden in eurem Glauben. Der Same, den andere mit ihrem Glauben gelegt hatten, ist aufgegangen und gewachsen, und wenn Gott euch segnet, trägt er Frucht.

Gott handelt an uns und durch uns. Es ist gut zu wissen, dass wir nicht zuständig sind für die Ernte im Leben anderer. Aber für die Saat sind wir zuständig. Das bleibt unsere Aufgabe. Und Glaube säen, das tun wir nicht, indem wir anderen eine Lehre vorsetzen. Glauben säen wir, wenn wir treu sind, wenn wir offen sind für das, was Gott von uns will. Wir sind die einzige Bibel, die heute noch gelesen wird. Das will ich noch ein wenig vertiefen: Es geht nicht darum, dass wir stimmgewaltig und mit großer Überzeugung andere bekehren. Es geht allein darum, dass wir uns ehrlich mit unserem Glauben auseinandersetzen und ihn mit unserem Alltag in Übereinstimmung bringen. Wenn wir uns von den Zweifeln anderer treffen lassen; wenn wir uns dafür einsetzen, dass die Gemeinschaft mit anderen tragfähig ist; wenn wir Mauern und Gräben zwischen uns als unerträglich erleben und uns nicht einfach damit abfinden; wenn wir zu träumen wagen von gerechtem Frieden auf der Welt und in unserer Gemeinde, bei dem wir einander Heimat schenken und mit Achtung und Offenheit aufeinander zuleben; wenn wir das, was uns bewegt, betend vor Gott tragen und uns selbst tragen und trösten lassen; wenn wir ehrlich glauben und unser Glaube unser Leben bestimmt, dann säen wir aus. Dann werden andere betroffen und berührt sein, zu vertrauen wagen. Dann wächst Glaube durch uns.

Wir leben in einer Zeit, in der das Evangelium immer weniger wahrgenommen zu werden scheint. Das ist kein Grund zur Klage, sondern zu der Frage: Leben wir so, dass unsere Umgebung uns den Willen abspürt, das Evangelium umzusetzen? Hat unser Vertrauen in Gott etwas damit zu tun, wie wir vergeben und uns vergeben lassen? Spielt er eine Rolle beim Streit in der Familie und bei Spannungen mit Kollegen? Erwarten wir etwas davon , dass er unser Schutz und Schild ist? Oder geht es uns nur um die Befriedigung religiöser Grundbedürfnisse? Kann es sein, dass unsere Zeit Christus nicht mehr recht versteht, weil uns Glaube zu stark zur Privatsache geworden ist? Es ist nicht meine, sondern unsere Aufgabe, dass unsere Gottesdienste so fröhlich und so tröstlich werden, dass Fremde Heimat finden, dass Jugendliche angesprochen werden und Traurige sich geborgen wissen. Es ist nicht meine, sondern unsere Aufgabe, dass die Gemeinde zum Ort des Einsatzes für Schöpfung und Gerechtigkeit wird. Diese Gemeinde und diese Stadt warten auf den Samen des Wortes Gottes. Versteht mich recht: Wir sollen nichts Besonderes und Neues anfangen. Wir sollen entdecken, was wir aneinander haben und was uns aufgegeben ist. Ich will einladen zu verwirklichen, was wir tief im Herzen ja wissen: Dass wir geborgen sind und bergen dürfen, dass wir in Jesu Namen Gemeinschaft sind und Gemeinschaft verwirklichen, dass wir uns vom Evangelium treffen lassen und das auch zeigen. Vielleicht haben wir uns zu sehr einschüchtern lassen. Aber unser ehrliches Bemühen soll und kann uns abgespürt werden. Es ist Gottes Sache, unser Leben in seinem Dienst so zu gebrauchen, dass die Ernte heranwächst im Leben der Menschen. Amen

Invokavit

Predigt über 1. Mose 3, 1-19

Liebe Gemeinde!

Diese Geschichte erzählt nicht von einem historischen Ereignis vor vielen tausend Jahren, sie erzählt von dir und mir. Denn wenn heute kluge Männer etwas Kluges über den Menschen herausgefunden haben, schreiben sie umfangreiche, schwer zu verstehende Bücher. Damals erzählten solche Männer eine Geschichte. Und jeder, der sie hörte, verstand die Wahrheit hinter der Geschichte.

Die Wahrheit hinter dieser Geschichte handelt davon, wie Menschen das selbstverständliche gegenseitige Vertrauen verlieren und die vertrauende Nähe zu Gott - oder auch: Warum wir einsam sind und eigentlich immer unterwegs, um Heimat zu finden. Das ganze Drama unserer Existenz - oder eben der von Adam und Eva - geht damit los, dass Misstrauen geweckt wird. Die Schlange zischelt Eva ein paar unschöne Vermutungen ins Ohr. Und Eva hört hin. Ich bin mir ganz sicher, dass es nichts typisch Weibliches ist, hinzuhören und zu reagieren, wenn einer etwas Unschönes erzählt. Mobbing sagt man heute dazu. Und Mobbing gibt es überall. In Betrieben und in der Gemeinde und in der Familie und unter Freunden. Das bittere dabei ist, dass wir einen Menschen genau kennen und beste, wunderschöne Erfahrungen mit seiner Nähe und seiner Treue gemacht haben. Aber dann kommen ein paar böse Gedanken, ein paar Verdächtigungen, ein wenig Eifersucht und überlagern alle die guten Erfahrungen, auf die wir aufgebaut haben. Ich weiß nicht, was es ist, das uns dazu bringt, ungute Gedanken für uns zu behalten, sie nicht auszusprechen und uns doch auf Distanz zu begeben.

Die beiden im Garten Eden hatten durchaus keinen Grund, damit zu rechnen, dass Gott ihnen deswegen die Früchte vom Baum verboten hat, weil er eifersüchtig auf seine Stellung bedacht war. Und trotzdem hörten sie auf die Stimme des Zweifels. Und sie erkennen - sie erkennen, dass sie nackt waren, sie erkennen, dass da etwas ganz Gewichtiges zwischen ihnen und Gott steht. Sie haben sich entfremdet - von ihm und voneinander. Die Geschichte geht damit weiter, dass sie ihre Nacktheit nicht ertragen. Sie schämen sich, sie werden befangen und unsicher, und sie flechten sich einen Schurz. Nun hat das, was in dieser Geschichte mit Nacktheit umschrieben wird, nicht nur etwas damit zu tun, dass da jemand nichts an hat. In einer Sauna geht es durchaus nicht paradiesisch - unschuldig zu. Nacktheit meint, dass ich mit meiner Blöße allen Blicken ausgesetzt bin - körperlich mag das unangenehm sein oder auch nicht, aber wenn ich mit Fehlern und Ängsten, mit inneren Verletzungen und meiner Unvollkommenheit, mit meiner Schuld und meinem Scheitern am Pranger stehe, dann ist das entsetzlich. Die Angst **davor** bringt uns dazu, einander die heilen, selbstsicheren Menschen vorzuspielen.

Mir fällt ein Wort von Albert Schweitzer ein, der gesagt hat: Es ginge auf der Welt viel menschlicher zu, wenn wir so herzlich wären, wie wir sind. Das ist das Tragische an dieser Scham wegen der inneren Nacktheit, dass sie uns dazu bringt, einander auch dort zu betrügen und zu täuschen, wo wir für die anderen wertvoll, segensreich, gut sein könnten. Angst trennt uns, Angst davor, missbraucht und verletzt zu werden, Angst vor dem Urteil der anderen, Angst um unser Gleichgewicht und unsere Unversehrtheit. Und der Zusammenhang mit dem ersten Akt des Dramas im Garten Eden scheint mir auf der Hand zu liegen: Da die beiden dem, der Ursprung und Quelle ihres Lebens ist, misstrauen, haben sie auch den unbefangenen Umgang miteinander verloren und meinen, sich schützen zu müssen davor, was sie - andererseits - selbstverständlich dem Partner antun.

Ich glaube, da können wir mit Appellen nicht viel erreichen. Die Unbefangenheit ist verloren, und wir kommen nicht ins Paradies zurück. Vielleicht wirft uns ein Engel ab und zu ein paar Früchte über die Dornenhecke, die uns aussperrt? Anders gesagt: Vielleicht gewinnen wir hier und da und in besonderen, gesegneten Augenblicken eine Ahnung davon, dass Einsamkeit und Distanz nicht gottgewollt sind? Vielleicht wächst manchmal Vertrauen und besteht auch dann, wenn wir einander entfremdet sind? Vielleicht wagen wir manchmal Liebe und Vertrauen und halten allen unguten Erfahrungen, allen Vermutungen und Ängsten zum Trotz aneinander fest, und dann wird die Ehe, die Freundschaft. die Gemeinschaft in der Krise stärker, statt von Gerede und Verdächtigungen vergiftet zu werden? Wer darum weiß, wie sehr Geschwätz vergiften kann, wie sehr die Feigenblätter und die Rollen , die wir spielen, voneinander trennen, ist dem Sog der Einsamkeit und der Schuld vielleicht nicht mehr ganz so hilflos ausgeliefert - zumal ja Jesus immer wieder darum wirbt und dafür spricht und leidet und stirbt, dass wir der vertrauenden Liebe zu Gott Raum geben.

Die Geschichte im Garten Eden endet jedenfalls so, dass alle die bösen Möglichkeiten wahr werden: Gott ruft Adam, der sich versteckt wegen seiner Nacktheit. Und angesprochen darauf, woher er weiß, dass er nackt ist, schiebt er alle Schuld von sich: Die da war es! Bildhaft deutlich und typisch für ihn und uns ist der ausgestreckte Zeigefinger: Die da! Und bei ihr geht es gerade so weiter: Die Schlange da war es! Und legt den Gedanken nah: Du, Gott, bist selbst dran schuld, denn hättest du die bösartige Schlange nicht geschaffen, wären wir nicht schuldig geworden.

Das ist die letzte Auswirkung des Sündenfalls: Dass wir einander Schuld zuschieben, dass wir nicht zu unserer Schuld und unserem Fehlverhalten stehen, dass wir uns zu Lasten anderer reinzuwaschen versuchen. Die Kehrseite wäre freilich auch nicht besser: Dass wir uns selbst verdammen, selbst verurteilen. Darum stellt Jesus seinen Jüngern den Sünder vor Augen, der von fern bittet: Gott, sei mir Sünder gnädig! und dann fröhlich und entlastet nach Hause geht. Mir scheint, Gott kann vor allem lügende, unaufrichtige, sich selbst betrügende Menschen nicht um sich ertragen. Die Menschen werden in die Fremde geschickt, weil zu Adam der angebissene Apfel gehört und zu Eva das Hören auf die Schlange, und weil sie beide ihre Verstrickung in das Versagen unaufrichtig von sich schieben. Vielleicht hat das auch damit zu tun, dass wir es nicht ertragen, uns selbst nackt, ungeschützt zu wissen - dann müssten wir uns ja eingestehen, dass wir durchaus nicht so stark sind, wie wir uns geben.

Es sei denn, wir lernen, dass wir der Liebe wert sind, nicht trotz unserer Schuld, sondern weil wir wir sind, mit Ecken und Kanten und Schatten und Licht, mit Liebesfähigkeit und Animositäten und unbeherrschtem Zorn und Scham und herrlicher Freude und Lebenslust, mit Projektionen und Träumen und Scheitern und Erfolg, mit Verzweiflung und Glück - wir, ganz einfach, jeder für sich, unendlich kostbar, weil geliebt von Gott. Immerhin ist das schwer zu lernen - wir sind ja aus der Nähe Gottes vertrieben, und unser Schicksal ist es, fern von ihm, in der Fremde, leben zu müssen. Und dann kommt das Wunder, dass er uns in die Fremde folgt, um uns auf dem Weg durch die Fremde wieder in seine Nähe zu führen. Und mitten in Schuld und Unaufrichtigkeit begegnet er uns in Jesus, aufrecht, liebend, ehrlich, schutzlos in seiner Liebe und ganz und gar uns zugewandt. Amen.

Judica

Predigt über 1. Mose 22, 1-13

Liebe Gemeinde!

Diese Geschichte macht mich zornig. Wenn von der Bereitschaft Abrahams erzählt wird, gehorsam seinen Sohn zu opfern, wird er meist als Vorbild des Glaubens dargestellt. Ich will **diesen** Glauben **nicht** für mich und nicht für euch, und ich bin davon überzeugt, dass auch Gott ihn nicht haben will. Was muss Abraham doch für eine entsetzliche Vorstellung von Gott gehabt haben! Gott, der ihn herausruft aus Ur, der ihm einen Sohn schenkt, soll diesen verheißenen Sohn von ihm als Opfer fordern - und Abraham gehorcht, er gehorcht einfach schweigend! Er streitet nicht mit Gott, er bittet ihn nicht: "Nimm mein Leben als Opfer für das seine!", er klagt nicht - er spaltet Holz und schärft sein Messer und bricht auf. Einfach so. Will Gott wirklich blinden Gehorsam? Offensichtlich ist das, was Gott von ihm erwartet, auch angesichts solcher grausamen Konsequenzen für ihn nicht anstößig. Hat er ihn nicht völlig anders erlebt? Er sieht nicht die Not seines Sohnes und die fragenden Blicke seiner Frau, schweigend geht er seinen Weg, tagelang, zum Berg Morija, um seinen Sohn zu schlachten.

Ich habe manche Auslegungen dieser Geschichte gelesen, in denen das Entsetzen über die harte Forderung Gottes anklingt. Von einem Menschen zu fordern, dass er für das, was ihm heilig ist, das Leben seines Kindes hergibt, macht für manche Glauben nicht mehr glaubwürdig. Mich persönlich entsetzt aber nicht nur die harte Forderung Gottes und der blinde Gehorsam des Vaters. Mich persönlich entsetzt es zu sehen, dass dieses Verhalten, das so vielen Menschen eine furchtbare Verfehlung religiösen Gehorsams zu sein scheint, auf anderen Gebieten überhaupt keine Skrupel hervorruft. Wie heißt denn der Gott, auf dessen Altar die seelische Gesundheit der Kinder geopfert wird, von denen pornographische Videos angefertigt werden? Wie heißt der Gott, dem ungeborene Kinder dargebracht werden, weil es einfacher ist abzutreiben als zu verhüten? Wie heißt der Gott, dem - auch in der Geschichte unseres Volkes - das Leben einer ganzen Generation geopfert wird, weil es Krieg und Gewalt und Haß und Machthunger fordern? Oder wie heißt der Gott, dessen Bluthunger mit dem Leben von Tausenden von Verkehrsopfern gestillt wird, ohne dass sich einer empört? Wie heißt der Gott, um dessentwillen wir es in Kauf nehmen, dass sich Millionen von Kindern von dem ernähren, was sie durch Graben im Abfall, durch Kinderprostitution und durch Diebstahl erwerben?

Die Forderung Gottes an Abraham ist entsetzlich. Der schweigende Gehorsam Abrahams ist für mich genauso entsetzlich. Und das schweigende Hinnehmen des Todes und der seelischen Not

Tausender Kinder bei uns und überall in der Welt macht das Entsetzen über diese harte Geschichte unglaubwürdig. Wir haben uns ans Entsetzen gewöhnt. Wir müssen wieder lernen, Abraham und uns selbst und den Menschen in der Welt zu sagen: Hört auf! Haltet ein! Gott will Hunger und Not und Tod nicht, Leben ist Gott heilig, und was Würde und Leben eines anderen verdunkelt, das beschmutzt auch mich und euch.

Nun kann ich mir vorstellen, dass Abraham durchaus nicht kühl und skrupellos auf das Verhängnis seines Lebens zuläuft. Je weiter er geht, desto lauter und intensiver tobt in ihm der Streit zwischen Verzweiflung und Vertrauen, zwischen tödlicher Rsignation und Hoffnung: Gott fordert das Leben meines Sohnes. ich habe zu gehorchen. - Aber Gott hat dem Leben meines Sohnes doch eine große Verheißung gegeben. Wird er seinen Befehl nicht doch widerrufen? - Aber wer bin ich, dass ich mit Gott rechten kann? Wenn es ihm gefällt, vernichtet er mich mit meinem Sohn. - Ich höre seine Ängste und Zweifel, und ich erkenne sie in manchen Schicksalen der Menschen von heute:

- Wir werden immer älter. Mein Ehepartner ist krank. Er ist mein Licht, meine Hoffnung und mein Leben. Ich weiß, dass ich ihn irgendwann hergeben muss. Aber wie soll ich leben ohne ihn!

- Unser Sohn war unsere ganze Hoffnung. Was haben wir alles getan, damit er Ausbildung und Förderung und Komfort hat! Er sollte es besser haben als wir. Jetzt ist er ausgezogen, irgendwo in ein schlimmes Milieu geraten.

- Jahre unseres Lebens haben wir in den Betrieb gesteckt. Wir dachten, jetzt kämen wir langsam aus dem Gröbsten heraus. Und da kommt die wirtschaftliche Rezession - unsere Schulden wachsen, wir treiben auf den Konkurs zu, keiner kann helfen.

Abraham hat den **Mut** zu verlieren, seinen Sohn, seine Zukunft zu verlieren. Bei allem Entsetzen über seine Bereitschaft, Isaak zu opfern, und bei aller Skepsis seinem Gottesbild gegenüber staune ich darüber, dass er geht, unbeirrt, auf den Moment zu, in dem sein Leben zerbrechen wird, nicht ausreißt, nicht verdrängt. Er muss neben aller Verzweiflung an der Hoffnung festgehalten haben, dass Gott zu seinen Verheißungen steht, er muss sich angesichts der Forderungen Gottes bei Gott geborgen haben. Wenn überhaupt etwas, dann macht ihn dies zum Vorbild: dass er gegen alle Verzweiflung an seinem Vertrauen festgehalten hat. Das erinnert an Jesus, der am Kreuz seine Klage über seine entsetzliche Einsamkeit dem klagt, der ihn anscheinend verlassen hat, und seine Klage in sein Vertrauen einbindet, dass Gott ihn auch durch sein Ende hindurchträgt.

Gott aber macht eines ganz unzweifelhaft klar, dem Abraham und uns, die wir nach ihm kommen: Er will keine blutigen Opfer von Männern, Frauen oder Kindern. **Darum** wird diese Geschichte erzählt. Gott will keine Menschenopfer. Es gibt keine Rechtfertigung dafür, Menschen zu töten im Namen einer Ideologie, einer Religion oder einer Kirche. Gott will nicht, das Leben vernichtet und Seelen überschattet werden. Und wo das trotzdem geschieht, ob im Namen Gottes oder im Namen von Wirtschaft, persönlicher Freiheit und Emanzipation oder im Namen nationaler Interessen, da geschieht es gegen seinen Willen, da wird er mit uns verletzt und beschämt und vergewaltigt und getötet. Da stehen an seiner Stelle als Götzen die Bilanz oder eine Ideologie, der Traum eines komfortablen, bequemen Lebens oder der wirtschaftliche Egoismus und der Stand meines Gehaltkontos. Es gibt keine Ausreden mehr. Gott will keine Opfer. Er will Leben.

Denn das ist für Abraham die Erkenntnis, die er lernen muss: Seine Vorstellung von Gott entspricht nicht dem, den er sucht und verehrt. Gott ist nicht erbarmungslos und ungerührt in seiner Größe, Gott hat zu tun mit Erbarmen und neuem Leben, mit Trost in auswegloser Lage und mit voraussetzungsloser Zuwendung. Das muss Abraham lernen, auf entsetzliche, brutale Weise: Dass Gott nicht sein schweigendes Gehorchen will, dass ihm Leben heilig ist und dass er ihn andererseits auch dort trägt, wo er, Abraham, über sein eigenes Gottesbild stolpert und so beinahe unendlich schuldig geworden wäre. Und das haben wir auch zu lernen, angesichts der brutalen ungerührten Gleichgültigkeit , mit der so viele zur Tagesordnung übergehen trotz Not und Tod und Schande und Hunger: Dass Gott uns zum Aufstand ruft gegen alle, die zu Lasten von Kindern und Hungernden leben hier und überall. Dass er neben uns steht, wenn wir streiten dafür, dass es menschlicher zugeht bei uns und überall, wenn wir dafür eintreten, das Liebe wieder Raum gewinnt unter uns, und wenn wir auszusprechen wagen, dass es vielleicht noch wichtiger ist, gegen die Innenweltverschmutzung anzugehen, als gegen die Umweltverschmutzung. Amen.

Karfreitag

<u>Predigt über Lk. 23, 33-49</u>

Liebe Gemeinde!

„Herr, vergib ihnen, denn sie wissen nicht, was sie tun.“ Da hängt er am Kreuz, zerschlagen und gepeinigt und nun zum Sterben in seiner Nacktheit und seiner Qual ausgesetzt - und er, der kein Erbarmen erhalten hat, bittet um Erbarmen für seine Peiniger. Vergib ihnen. Den Spöttern unter dem

Kreuz. Den Befehlsempfängern, die, ohne groß nachzudenken, tun, was man ihnen sagt, und sei es noch so grausam. Den Mördern im Hintergrund, die dem Frieden und ihrem eigenen Einfluß, ihrer eigenen Macht so fürchterlich selbstverständlich fremdes Leben opfern. Vergib ihnen, die ihn ausgepeitscht haben mit einem sadistischen Vergnügen daran, wenn er sich vor Schmerz krümmte. Vergib ihnen, die voller Hochmut zuschauten, die nicht hören wollten und nicht verstehen, die ihn der Lächerlichkeit preisgaben, um nicht ändern zu müssen, was sie gewohnt waren, für Glaube und Recht, Menschlichkeit und Selbstverständnis. In Jerusalem wurde geprobt, was heute in Libyen und gestern in Auschwitz und jeden Tag überall und immer wieder bis zur Perfektion verwirklicht wird: Ein Mensch wird gequält und lächerlich gemacht, wird zum Opfer, damit die Nation oder der Machthaber, der Chef oder die Kollegin, der Vater oder die Freundin weitermachen kann wie bisher - besser weitermachen kann, weil dafür so viel geopfert wird: Das Leben oder die Würde oder das Ansehen oder die Zukunft - anderer. Und so kommen wir auch in dieser Geschichte vor: Vielleicht als solche, die an einem der Kreuze neben ihm hängen, ausgelacht und gedemütigt und mit spitzen Zungen zerrissen und mit roher Gewalt oder künstlerisch dezenter Gemeinheit um das Leben gebracht. Oder auch als solche, die vorübergehen und den Kopf schütteln und ausspucken: So geht es den Idealisten! Oder auch als solche, die einfach mitmachen: Keiner kann von mir verlangen, daß ich mich selbst gefährde, damit es menschlicher zugeht in der Welt, und überhaupt, wenn ich mich weigere, tun es andere, und was kann schon ein einzelner bewirken! Oder auch als die im Hintergrund: So geht es denen, die sich mit mir anlegen!

Vater, vergib ihnen! sagt Jesus am Kreuz. Kann ich vergeben? Dem Herrn Gaddafi, der seine Soldaten zum Zivilistenbomben schickt? Dem Andersdenkenden, der mich in aller Öffentlichkeit diskriminiert? Dem Freund, der nicht verstehen kann und nicht verstehen will und für den alle Freundschaft, alle Gemeinschaft nichts wert ist? Dem Partner, der mich enttäuscht, der mir in seinem Handeln fremd wird? Kann ich vergeben? Vielleicht, wenn einer einsieht, daß er auf der falschen Spur gelebt hat. Aber einfach so, am Kreuz hängend und mitten im Leid?

Warum bittet Jesus um Vergebung? Sie wissen nicht, was sie tun - was tun sie? Sie kreuzigen für ihre politische oder religiöse Meinung einen Menschen - und kreuzigen damit den, auf den sie seit Generationen gewartet haben. Sie töten Gottes Sohn, Gott zu Ehren. Sie kreuzigen ihre Hoffnung auf Leben, das auch dort besteht, wo sie versagen. Sie kreuzigen ihren Traum von Frieden mit Gott und mit den Menschen. Sie kreuzigen das, was ihnen hätte helfen können, aus diesem verdammten Gefängnis von Selbstgerechtigkeit und Eigenliebe herauszukommen und Gott und seine Menschen zu sehen. Sie verbauen sich den Weg zu einem liebevollen, ehrlichen und gesegneten Leben. Ihn töten sie, - und damit sich selbst. Was bleibt, sind Menschen in der hoffnungslosen Gefangenschaft der Endlichkeit. Menschen, die dem Tod ausgeliefert bleiben und für die die Frage nach Sinn und Tiefe unsinnig ist - so verbohrt und verbannt in ihr Machtdenken, daß sie gar nicht sehen, nur unbewußt ahnen, wie ohnmächtig und leer sie sind.

Deswegen hat er Mitleid mit ihnen. Deswegen bittet er um das Erbarmen Gottes. Damit sie, damit wir nicht von den Folgen unseres Tuns überholt und eingesperrt werden. Damit die Liebe, die Hoffnung, die Menschlichkeit, die wir tausendfach kreuzigen jeden Tag, auferstehen aus den tausend kleinen Toden. Damit wir hoffen können, daß wir nicht an unseren Erfolgen und unserem Versagen gemessen werden, sondern an seiner Liebe, die auch noch dort wach ist, wo ihn alle im Stich lassen. Sie wissen nicht, was sie tun - der eine der beiden Schwerverbrecher, die mit ihm gekreuzigt werden, lacht mit denen, die unten am Fuß des Kreuzes stehen und über Jesus und die beiden anderen lachen und spotten. Er ist so blind, daß er nicht einmal mehr angesichts des Todes zu sehen in der Lage ist, daß alles, wofür er gelebt hat, mit seinem Tod stirbt; seine einzige Hoffnung ist doch, daß der in der Mitte, der „König der Juden“, tatsächlich der Messias Gottes ist, allem Augenschein und allen Vorurteilen zum Trotz. Der auf der anderen Seite wagt es, sein Scheitern einzugestehen und Jesus um sein Erbarmen zu bitten. Und Jesus verheißt ihm: „Heute noch wirst du mit mir im Paradiese sein“ - dein Tod und deine Schuld, dein verbogenes, von Haß und Kampf und Grauen zerstörtes Leben wird heil, wird ganz im Reich Gottes, weil du bereit bist, anzunehmen, weil du dich nicht an die Fassade des heilen Lebens anklammerst, weil du dein Versagen siehst und zugleich über dein Versagen hinaus zu hoffen und zu vertrauen wagst.

So erzählt Lukas vom Sterben Jesu: er sieht bis zuletzt das Leid und teilt es; er sieht und teilt das Leid derer, die verfolgt werden, warum auch immer, und er sieht das Leid derer, die sich selbst mit ihrer gleichgültigen Selbstgerechtigkeit, mit ihrem leeren, formalen Glauben, mit ihrer brutalen Geschäftigkeit, mit ihrem distanzierten Spott zerstören und zerbrechen. Er hat sich auf den Tod eingelassen, damit wir uns auf das Leben und die Liebe einlassen. Als der Vorhang im Tempel zerriß, da wurde deutlich, daß Gott keinen Schonraum beanspruchen wollte. Das Allerheiligste, sein Wohnraum in der Welt, ist nicht mehr abgeschottet gegen Leid und Sünde, gegen Schmutz und Tränen. Gott nimmt an der Finsternis teil, er ist mitten drin, er wird ans Kreuz geschlagen und mit Panzern beschossen, er wird hingerichtet und lächerlich gemacht, er wird angespuckt und mit Gleichgültigkeit mißachtet - und erbarmt sich doch, er hält an seiner Liebe fest, er hält an Jesus fest, und aus aller Erniedrigung, aus Tränen und Blut und Schweiß und Unmenschlichkeit und Haß und Machthunger ersteht das Leben und ersteht die Liebe neu, damit wir leben können, obwohl wir tausendfach unterliegen jeden Tag, obwohl wir dem Leben und dem Sterben unterliegen. „Wenn mir am allerbängsten wird um das Herze sein, so reiß mich aus den Ängsten kraft deiner Angst und Pein.“ Amen.

Pfingsten
Predigt über 1. Mose 11, 1-9
Liebe Gemeinde!

Es gibt kaum eine biblische Geschichte, die so bekannt ist und über deren Auslegung sich alle so einig sind. Der Größenwahn der Menschen, der sie dazu treibt, ihre von Gott gesetzten Grenzen zu überschreiten; Gott, der herniederfährt, um zu sehen, was sie denn da machen, und der sie straft, indem er ihre Sprache verwirrt. Dass die ehrgeizigen Versuche, Grenzen zu berschreiten, Verderben mit sich bringen können, ist uns nur allzu deutlich. Der Ruf nach Ehrfurcht vor dem Leben und nach Behutsamkeit der Schöpfung gegenber wird in der Regel nicht gehört - wenn es möglich ist, Tiere zu klonen, und eines Tages auch Menschen, dann wird das getan, gleichgültig, ob wir unser Unbehagen äußern oder nicht. Wenn es möglich ist, mit Hormonen, Antibiotika oder Gentechnik die Pflanzen ertragreicher zu machen oder die Tiere früher schlachtreif zu bekommen, dann wird das getan, auch wenn die Konsequenzen nicht klar sind. Wir verstehen den Ehrgeiz der Forscher nicht, und sie verstehen unsere Bedenken nicht.

Die Geschichte vom Turmbau zu Babel wird in dem Bericht über das Pfingstwunder fortgeschrieben - die Trennung der Menschen, die sich nicht mehr verstanden, wird vom Geist Gottes überwunden, und wer sich von dem Heiligen Geist bewegen läßt, wer sich der Liebe Gottes überläßt und anderen Menschen offen und vertrauend begegnet, der wird verstanden und lernt neu verstehen.

Mir ist die Geschichte mit ihrer alten, vertrauten Auslegung wichtig. Vieles unter den Menschen auf der ganzen Erde ist deswegen nicht in Ordnung, weil wir einander nicht recht verstehen. Ich denke nach darüber, wie die Begeisterung durch Gott uns dazu bringen kann, die Grenzen zwischen uns zu überwinden. Ich glaube, dass Gottes guter Geist endlich Frieden schaffen wird auf der Erde - zwischen den Bürgerkriegsparteien in Libyen und genauso in den Familien und unter den jungen Menschen.

Auf eine für mich neue Weise habe ich die Geschichte vom Turmbau verstanden, als ich einen Forschungsbericht über diesen Text las. Darin wird vermutet, dass sich hier ein konkretes geschichtliches Ereignis niederschägt. Die Menschen sprachen demnach nicht deswegen eine Sprache, weil sie noch keine verschiedenen Kulturen ausgebildet hatten, sondern weil sie zwangsweise zusammengetrieben wurden, um eine Stadt und einen Turm zu bauen. Wenn Menschen unterdrückt werden, ist es nicht interessant, wer sie sind. Dann werden sie nur nach Arbeitskraft und Tüchtigkeit bewertet, und wenn sie im fremden Land arbeiten müssen, müssen sie auch die Sprache des Herrschers sprechen, der sie unterdrückt hat. Es scheint so, als habe der assyrische König Sargon seine Herrschaft gefestigt, indem er unterworfene Völker zur sprachlichen und kulturellen Angleichung zwang.

Eine Sprache unter den Menschen war demnach nicht ein harmonischer Urzustand, sondern Ergebnis einer grausamen und entschiedenen Zwangsherrschaft. Und die arbeitenden Menschen waren nicht Täter, sondern Opfer. Entsprechend hat Gott auch nicht strafend eingegriffen, sondern hat denen geholfen, wieder zu ihrer Sprache und Identität zurückzufinden, die gedemütigt worden waren. Ob diese andere, ungewöhnliche Deutung der Geschichte recht hat, wird sich in der Diskussion sicher herausstellen.

In dieser neuen Auslegung steckt für mich jedenfalls der Hinweis, dass jeder in Gefahr ist, die anderen nur nach Nutzen und Funktion einzuschätzen. Sie sind nicht mehr Mitarbeiter, die etwas leisten und daneben Träume haben und Freude am Leben empfinden, sie sind nicht mehr wichtig wegen ihrer Liebesfähigkeit und ihrer Stärke für Musik oder Literatur oder gute Gedanken, sie werden nur noch unter einem bestimmten Gesichtspunkt ausgenutzt: als Konsumenten, zum Beispiel, oder Schüler, Umsiedler oder Arbeiter oder Rentner, Ossi oder Wessi, Indigener oder Europäer. Und diese Tendenz, andere unter einem ganz bestimmten Gesichtspunkt abzustempeln und irgendwo einzuordnen, haben durchaus nicht nur Könige wie Sargon oder Forscher, die über den Möglichkeiten ihres Forschungsgebiets Angst, Unsicherheit und Warnungen anderer überhören. Jeder von uns hat seine Schubladen.

Aber ich habe nicht nur mit Schülerinnen und Schülern zu tun, oder mit dem Täufling Nummer X, mit dem Blinddarm von Zimmer 12, mit 18 Konfirmanden aus der UdSSR oder mit 673 Kunden pro Tag. Ich habe mit Menschen zu tun, von denen jeder einzelne seine Sprache spricht, seine Gedanken hat, seine Fähigkeiten entfalten möchte, mit seiner Angst und seinem Versuch beschäftigt ist, der Angst Herr zu werden. Und Gott setzt sich leidenschaftlich dafür ein, dass wir wieder zu unserer Sprache und unserer Identität finden - und dass wir einander mit der Achtung und dem Respekt begegnen, die uns dazu fähig machen, dem anderen den Raum für sein Dasein einzuräumen.

Wozu der Geist Gottes ermutigt, ist, dass wir uns ganz wahrnehmen, dass wir im anderen den Bruder, die Schwester sehen, nicht nur den Menschen, der in bestimmten Situationen funktioniert oder auch nicht. Unsere Gemeinde lebt davon, dass wir lernen, einander ernst zu nehmen, dass wir uns der Aufgabe stellen, den anderen zu verstehen und uns selbst verständlich zu machen. Unsere Gemeinde lebt davon, dass wir dem anderen im Gespräch den Raum geben, seine Klage auszusprechen, seine Ohnmacht zu benennen, seine Stärken einzubringen, und ihn nicht vorschnell mundtot machen. Und mir scheint es ein Wunder, eine Spur Gottes in der Welt zu sein, wenn wir Trost und Mut schenken können einfach dadurch, dass wir mit Interesse und Respekt ganz da sind, wenn wir miteinander reden oder schweigen. Gottes guter Geist bewirkt, dass sich Fremde treffen und Vertrautheit und Nähe erleben. Gottes guter Geist bewirkt, dass wir streiten können, ohne uns loszulassen, und dass wir im nächsten Augenblick miteinander lachen oder beten können.

Was wir in der Gemeinde und unter vertrauten Freunden erleben, gehört hinaus in die Gesellschaft. Gottes Geist bewirkt, dass nicht die Auseinandersetzung das letzte Wort hat. Wir werden gehört, wenn wir darauf hinweisen und verwirklichen, dass jenseits der Altenstatistik alte Menschen ein Recht haben, ihren Lebensabend in Würde und als geliebte Menschen zu verbringen. Er bewirkt, dass wir und die, die uns begegnen, den Raum bekommen, um zu erzählen und sich zu entfalten. Es darf nach Gottes Willen nicht sein, dass wir nur danach bewertet werden, ob wir in bestimmten Beziehungen, im Beruf oder in der Familie oder in der Schule, funktionieren. Gott will uns begeistern dafür, für Frieden, Menschlichkeit und glaubendes Vertrauen einzutreten, er will, dass wir einladen, Vertrauen zu wagen in Gott und Menschen, und dass wir das auch selbst wagen.

Er lehrt uns, unsere eigene Sprache zu sprechen und unser eigenes Menschsein zu entfalten, auf ihn zu und aufeinander zu. Das ist keine Strafe, sondern ein Geschenk seiner Gnade. Und wo wir das wagen, ist sein Geist mitten unter uns. Amen

Drittletzter Sonntag nach Trinitatis

<u>Predigt über Lk. 11, 14-23</u>

Liebe Gemeinde!

In der Sixtinischen Kapelle gibt es ein berühmtes Wandbild von Michelangelo, das die Erschaffung des Menschen schildert. Gott beugt sich über den Abgrund zwischen Schöpfer und Geschöpf, um Adam mit dem Finger zu berühren. Adam ist sich noch nicht seiner selbst bewußt; er liegt wie schlafend da, und Gottes Finger hat ihn noch nicht erreicht – wenn er ihn berührt, wird Adam aufwachen und frei sein, Herr über seine Gedanken und Taten. Der Finger Gottes macht den Menschen zum Menschen, sagt der Künstler damit.

An einer zentralen Stelle im AT wird erzählt, daß Gottes Finger auf die Platten, die Mose gehauen hat, die 10 Gebote schreibt – und auch da wird gesagt: Der Mensch wird zum Menschen dadurch, dass er sich anrühren lässt, daß er sich aus freien Stücken zu einem guten, vor sich selbst und Gott verantworteten Handeln entschließt. Wenn er sich nicht anrühren läßt, verliert er wieder das, was ihn menschlich macht: Die Fähigkeit, über sein Handeln und Denken zu herrschen. In dem Streitgespräch mit seinen Gegnern bezeichnet sich Jesus als Finger Gottes. Und was das bedeutet, wird für alle sichtbar, die bereit sind zu sehen: Der Stumme, der besessen war, kann wieder reden. Er wird frei von dem, was ihn von den anderen isoliert hat. Er wird frei dazu, sich anderen zuzuwenden, sich mitzuteilen, zu hören und zu vertrauen. Jesus als Finger Gottes macht frei von dem, was uns besitzt und besessen macht. Er macht frei zur Menschlichkeit, frei zum Sammeln, also zur Gemeinschaft, frei dazu, die Menschen wahrzunehmen, die uns begegnen, und frei dazu, Gottes Zuwendung wahrzunehmen, die unsere einsame Isoliertheit auflöst.

Reich Gottes sagt er dazu. Wo Gott als Herr seinen Raum in der Welt hat, da haben andere Herren keine Möglichkeit mehr, uns zu verbiegen und zu fangen. Mir erscheint das Bild von Gottes Finger als ungeheuer aussagekräftig. Es zeigt ihn als offenen Gott. Wer seinen Besitz festhalten will, der hat die Hände geschlossen. Gott hält uns, aber er hält uns nicht fest. Gott rührt uns an, aber er schlägt uns nicht. Und er will uns befähigt sehen zum Handeln, also damit, als Hände Christi zuzugreifen, zu trösten, zu weisen, zu streicheln. Dazu macht er uns frei. Wenn wir nicht immer wieder angerührt werden und befreit, dann verlieren wir diese Freiheit. Der Gegensatz von Freiheit ist Besessenheit: Etwas besitzt uns. Ein Gedanke, ein Traum, eine Idee, ein Wunsch – im Altertum sagte man: ein Dämon. Der hat keine offenen Hände. Der hält uns fest, zwingt unsere Gedanken immer im Kreis, verstellt uns den Blick, so daß wir nicht mehr unser Gegenüber wahrnehmen, er macht uns unfähig, uns mitzuteilen, und unfähig zu hören, was der andere sagen will. Er nimmt uns weg, was uns zu Menschen macht: Die Freiheit zum Handeln und Denken unter den Leitlinien von Liebe und Güte.

Überlegt doch nur einmal, was über unser Leben Herrschaft beansprucht! Da sind welche, die brauchen unsere Arbeitskraft. Die fordern ganz selbstverständlich, daß wir ihnen alles opfern: Familie und Freizeit, Glaube und Überzeugungen, Friede und Individualität. Wer sich durchsetzt, der macht Karriere. Wer Skrupel hat, fällt zurück. Wer sich unterordnet, der hat Arbeit. Wer unbequem ist, wird beiseite gedrängt. Oder es gibt welche, die uns ganz genau sagen, wofür wir unseren Verdienst ausgeben müssen. Kinder mit bestimmten Schuhen, Männer mit bestimmten Autos, Frauen mit einem bestimmten Make Up – wer dem Diktat der Werbung nicht folgt, der gerät an den Rand. Das schlimme ist, daß wir gar nicht gefragt werden, ob wir so oder anders handeln wollen. Das, was unser Leben bestimmt, wird irgendwo hinter den Kulissen geplant und verwirklicht. Da gibt es niemanden, mit dem wir darüber streiten können, ob es richtig ist, menschliches Erbgut zu verändern und an Lebensmitteln herumzubasteln. Da gibt es niemanden, der uns Rede und Antwort darüber steht, ob es richtig ist, wie sich unsere Gesellschaft verändert oder wofür unsere Steuern ausgegeben werden. Wir sind Besitz – besessen.

Es sei denn, wir lassen uns anrühren von dem Finger Gottes, von Jesus, und wieder frei machen – dann lösen wir Ablehnung und Widerstand aus, und es kann geschehen, daß wir teuer bezahlen müssen dafür, daß uns unser Herr frei gemacht hat von der Besessenheit – wer Herr im eigenen Leben sein will, wer aus freien Stücken Gott die Herrschaft einräumen will über sich, der ist als fromm, weltfremd oder lebensuntüchtig abgestempelt. Aber wer das akzeptiert, was von außen an ihn herangetragen wird, wer sich beherrschen läßt, der verliert das, was ihn zum Menschen macht. Der verliert Gott und damit sich selbst. Das muß euch bewußt sein. Wenn wir nach Glauben und Liebe suchen, wenn wir uns unter Gottes Herrschaft stellen und darauf hören, was er uns sagen will, dann tun wir nicht irgend etwas, was irgendwo in einem Schonraum der Gesellschaft halt einigermaßen toleriert wird. Dann geben wir ihm die Möglichkeit, uns von Besessenheit zu befreien, immer wieder, und uns die Freiheit zu schenken, so zu werden, wie wir gemeint sind.

Und gemeint sind wir als Menschen, die sich einbetten lassen in die Zusammengehörigkeit von Menschen, die einander helfen zu leben und zu glauben. Beim Glauben geht es um nicht weniger als darum, Mensch zu werden. Und weil das – wie Werbung und Anforderungen im Beruf – immer wieder neu zu Auseinandersetzungen herausfordert, zu Entscheidung und Besinnung, brauchen wir auch immer wieder Gebet und Gottesdienst. Die Bitte des Vater unser, das kurz vor dem Streitgespräch Jesu mit seinen Gegnern steht, wird jeden Tag neu aktuell: Sondern erlöse uns von dem Bösen. Ich habe euch das schon einmal in der Taubstummensprache vorgeführt: „Sondern“: Zwei Wege stehen offen. „Erlöse“: Eine Fessel wird gesprengt. „Uns“: Die gebundenen Hände werden frei und damit offen und schließen sich – offen zusammen. „Von“: Eine Richtung wird angegeben, in die wir gehen sollen und dürfen. „Dem Bösen“: die Faust schlägt uns selbst und drückt das Herz. So heißt die Bitte zugleich: Mache uns frei dafür, mit offenen Händen aufeinander zuzugehen. Erlöse uns füreinander und für dich, damit unser Herz nicht bedrückt und besessen ist. Rühre uns an, jeden Tag neu. Amen.

21. Sonntag nach Trinitatis

Predigt über Matth. 10, 34-39

Liebe Gemeinde!

Manchmal spielt mir mein Harmoniebedürfnis ganz schlimme Streiche. Ich spüre, daß ich mit der Entwicklung in der Familie oder in der Gemeinde nicht einverstanden bin. Eigentlich müßte ich Einspruch erheben. Aber dann möchte ich Spannungen aus dem Weg gehen, und deswegen halte ich den Mund, halte meine Meinung zurück und beuge mich dem, was „man“ sagt. Es ist ja an sich nicht schlimm, wenn ich Streit vermeide. Aber wenn der Friede damit erkauft ist, daß ich nicht mehr wage auszusprechen, daß etwas nicht in Ordnung ist, wenn ich mich angleiche und gehorsam bin, wo ich Stellung beziehen müßte, dann trage ich dazu bei, daß alles, was wir tun, gleich gültig ist. Dann gebe ich denen Raum, die solche Skrupel nicht kennen und dann ihre üblen Machtspielchen aufführen – und alle schauen zu, weil wir ja so tolerant sind in unserer Zeit, weil wir nicht mehr wagen, Profil zu zeigen, zu unseren Überzeugungen zu stehen, auch einmal etwas, was wir als gut und richtig erkannt haben, durchzusetzen.

Toleranz ist etwas anderes als das, was unter uns üblich ist. Toleranz achtet die Überzeugung, den Stil des anderen, aber scheut sich nicht, die eigene Überzeugung auszusprechen. Toleranz verbietet uns, den anderen unsere Meinung überzustülpen, aber läßt sich absolut nicht das Recht verbieten, selbst Profil zu zeigen. Das gilt grundsätzlich für jeden Menschen, der in Anspruch nimmt, erwachsen zu sein. Dabei ist es üblich, über alle Unmenschlichkeiten und Unaufrichtigkeiten in unserer Zeit die Soße der gleichgültigen Toleranz zu gießen, die es uns erlaubt, unser Unbehagen, unsere Bedenken, unsere Schwierigkeiten für uns zu behalten und in Ruhe gelassen zu werden – wir sind ja so tolerant, und Harmonie ist so etwas schönes!

Gilt das auch für Fragen, die unseren Glauben angehen? Gilt das auch für die tiefste Überzeugung, geliebt und wichtig zu sein und von Gott den Auftrag zu haben, für Vertrauen und Glauben, für Liebe und Verantwortung einzustehen? Mir fällt zunächst auf, daß Jesus alles andere als tolerant ist. Er mutet seinen Jüngern zu, sich auch in der Familie, gerade dort, wo es besonders schwer ist, den Freiraum für Glauben zu erringen. Er mutet ihnen zu auszusprechen, wenn Leben nicht in Ordnung ist. Er stellt eine ganz eindeutige Wertskala auf: Ganz oben, als höchster Wert für unser Leben und Zusammenleben, steht das Evangelium. Das sagt uns zu, daß wir Gott wichtig sind, daß er zu uns steht und sich auch dann nicht von seiner Liebe abbringen läßt, wenn wir versagen und schuldig werden. Aber es mutet uns auch zu, an uns selbst zu arbeiten, uns immer wieder zu überprüfen auf Aufrichtigkeit, auf Menschlichkeit und auf verantwortliches Handeln füreinander. Es gibt uns eine Aufgabe: Dafür zu sorgen, daß in der Welt Gott der Herr ist, daß Schöpfung und Wirtschaft, Gesellschaft und Gemeinde seinem Willen entsprechend leben können. Es bindet uns die auf die Seele, die in Not und Kummer sind.

Was uns von unserem Glauben zugesagt und aufgegeben wird, kann und darf sich keinen Sachzwängen beugen und auch keinem Harmoniebedürfnis. Natürlich will Jesus nicht Streit auslösen durch sein Kommen. Und doch gehört es dazu, daß wir immer wieder unserer Verantwortung vor Gott gerecht zu werden versuchen, daß wir unseren Weg finden, daß wir nach seinem Willen fragen und dann Wege suchen, gehorsam zu sein. Das geht nicht, ohne daß wir Anstoß erregen. Wir haben die Aufgabe bekommen, für eine Welt einzutreten, in der Menschen leben und lieben und vertrauen können. Wir sind diejenigen, die drängen und streiten und ringen darum, daß es gerecht und menschlich zugeht unter den Menschen. Das kann man nicht irgendwie nebenbei machen. Jesus verlangt uns nicht irgendwie auch noch ein wenig, 5% Christ und sonst noch ganz viel anderes. Er ruft uns zu 100 % in die Nachfolge.

Und Nachfolge heißt: Lernt, Gott gehorsam zu sein, und beginnt endlich damit, ungehorsam zu sein, wenn Angestellte nur noch zur Gewinnoptimierung verwendet werden, wehrt euch endlich dagegen, daß zugunsten der Bilanz das Leben und Zusammenleben in den Familien geopfert wird, hört auf, mit eurem Geldbeutel zu denken, und setzt euch ein dafür, daß wir aus der seichten toleranten gleichgültigen Gesellschaft zu einem verbindlichen, guten, nun wirklich toleranten, achtungsvollen Miteinander kommen! Jesus weiß darum, daß das nicht billig zu haben ist. Er weiß um Leid und Einsamkeit, um Ausgrenzung und darum, daß die, die ihm nachfolgen, einiges an Kummer und Schmerz zu ertragen haben werden. Billiger geht es nicht. Wenn wir ihm treu sind, wenn wir da sind, wo er uns haben will, werden andere über uns lästern und werden wir Nachteile in Kauf nehmen müssen.

Aber welche Chancen hat die Menschlichkeit in der Welt, wenn wir, die Christen, untreu sind? Was, meint ihr wohl, wird aus unserer Gesellschaft, wenn nicht wir immer wieder nach Gerechtigkeit rufen? Was wird wohl aus unseren Kindern, aus den Alten und den Schwachen unter uns, wenn wir uns nicht einsetzen für sie? Gibt es außer den Christen in Deutschland noch andere Gruppen, die bereit und in der Lage sind dazu, die Verantwortung vor Gott für jeden einzelnen Menschen einzufordern und zu übernehmen? Seid ihr wirklich bereit dazu, alles, aber auch alles den wirtschaftlichen Erfolgen zu opfern – Schöpfung und Familie, Achtung vor alten Menschen und Fürsorge für kranke, Gemeinschaft und Freude an Musik und Kultur? Wenn euch dieser Preis zu hoch ist, dann tretet dagegen an! Wir haben nicht nur zu kritisieren, wir haben eine ganz positive Botschaft weiterzusagen: Daß Gott uns ein reiches, erfülltes, gesegnetes Leben möglich macht, wenn wir anderen zum Segen werden. Daß wir Liebe erfahren, wenn wir Liebe wagen. Daß wir uns keine Gedanken machen müssen darum, ob unser Leben gelingt, sondern daß Sinn und Tiefe unseres Lebens von Gott geschenkt wird.

Er will uns frei machen dazu, auf andere zuzuleben. Er will, daß unsere Hände frei sind zum Umarmen und Trösten, zum Helfen und Heilen. Er will, daß wir auf eigenen Füßen stehen, daß wir uns lösen von dem Einfluß derer, die uns verbiegen und einschränken, uns und die, mit denen wir leben, und will, daß wir riskieren, ihm und uns selbst treu zu sein, wirkliche Partner für die Menschen, die mit uns leben, und offen für die Entdeckung eines Lebens, das gehalten ist und deswegen auch frei für Dankbarkeit und Liebe, für Einsatzbereitschaft und Vertrauen. Es wird nicht immer einfach sein, seiner Einladung zu folgen. Es wird Leid und Kraft kosten, Überwindung und den Verzicht auf Harmonie um jeden Preis. Aber dieser Ruf Gottes ist der Ruf zum Leben: Machs wie Gott, werde Mensch, hieß das Motto eines Kirchentags. Das ist unsere Aufgabe – und unsere Verheißung. Amen

Printed by Books on Demand GmbH, Norderstedt / Germany